Fundamento y Pilares
de la Fe Cristiana

Compilado por Maurice Hoppe
Ilustraciones por John Fraser

TEACH Services, Inc.
P U B L I S H I N G
www.TEACHServices.com • (800) 367-1844

Derechos mundiales reservados. Este libro o cualquier parte de éste no puede ser copiado ni reproducido en cualquier forma o manera que sea, salvo dispuesto por la ley, sin el permiso por escrito del editor, excepto por un revisor que puede citar pasajes breves en una reseña.

El autor asume la total responsabilidad por la exactitud de todos los hechos y citas como se cita en este libro. Las opiniones expresadas en este libro son opiniones e interpretaciones personales del autor, y no reflejan necesariamente las del editor.

Este libro se proporciona con el entendimiento de que el editor no se dedica a dar asesoramiento profesional, espiritual, legal, médico o de otro tipo. Si se necesita asesoramiento experto, el lector debe buscar el consejo de un profesional competente.

_____

Copyright © 2016 TEACH Services, Inc.
ISBN-13: 978-1-4796-0610-8 (Paperback)
ISBN-13: 978-1-4796- (ePub)
ISBN-13: 978-1-4796- (Mobi)
Library of Congress Control Number: 2015920955

Todas las citas bíblicas en esta obra, si no son indicadas de otra fuente, son de La Santa Biblia (Reina-Valera), revisión de 1960. Copyright © 1960, Sociedades Bíblicas Unidas.

Published by

TEACH Services, Inc.
PUBLISHING
www.TEACHServices.com • (800) 367-1844

Contenido

Introducción 4
Prefacio: Un Tratado de la Inspiración 5
Capítulo 1: El Fundamento—El Nuevo Pacto 9
Capítulo 2: El Santuario del Nuevo Pacto 19
Capítulo 3: El Fundamento y el Pilar Central—Daniel 8:14 29
Capítulo 4: La Ley de Dios—Los Diez Mandamientos 45
Capítulo 5: La Creación 65
Capítulo 6: La Caída del Hombre 73
Capítulo 7: La No Mortalidad de los Impíos 83
Capítulo 8: La Expiación 95
Capítulo 9: El Mensaje de los Tres Ángeles 123
Información de Contacto 149
Bibliografía 150

Introducción

Este libro—*Fundamento y Pilares de la Fe Cristiana*—se propone a ser usado como guía de estudios, en vez de ser un libro para leer y dejar de lado. Información vital se encuentra en sus páginas.

Textos bíblicos que aparecen en las citas del Espíritu de Profecía son citados por completo antes de las referencias.

"Muchos han llegado al punto de negar doctrinas que son el fundamento mismo de la fe cristiana. *Los grandes hechos de la creación* como los presentan los escritores inspirados, *la caída del hombre, la expiación y el carácter perpetuo de la ley de Dios* son en realidad rechazados entera o parcialmente por gran número de los que profesan ser cristianos" (*El Conflicto de los Siglos*, p. 570, énfasis nuestro).

"El año 1844 fue un período de grandes acontecimientos, y abrió ante nuestros asombrados ojos *la purificación del santuario*, hecho que sucede en el cielo y que tiene una decidida relación con el pueblo de Dios sobre la Tierra. [También] *los tres mensajes angélicos* presentan el estandarte sobre el que está escrito: 'Los mandamientos de Dios y la fe de Jesús.' Uno de los hitos de este mensaje es el templo de Dios—que su pueblo, amante de la verdad, vio en el cielo—y el arca que contiene *su Ley*. La luz del sábado del cuarto mandamiento brilló con fuertes rayos en el sendero de los transgresores de la Ley de Dios. *Que los malvados no tengan acceso a la inmortalidad* es uno de los hitos antiguos. No puedo recordar otra cosa que sea considerada como hito antiguo" (*El Otro Poder*, p. 30, énfasis nuestro).

Prefacio
Un Tratado de la Inspiración

"Lámpara es a mis pies tu palabra, y lumbrera a mi camino" Salmo 119:105.

La inspiración nos revela, en el mismo comienzo de la Biblia, la entrada del pecado en este mundo y las consecuencias de este pecado—la muerte eterna (véase Génesis 2:17; Romanos 6:23; Ezequiel 33:11). También nos cuenta de la misericordia, compasión, y el anhelo del Creador por la restauración de sus criaturas. Cuando estudiamos la Palabra de Dios, reconocemos más y más las consecuencias desastrosas del pecado, y su resultado, la completa desesperación del hombre, por sí mismo, para escaparse de esta condenación. Y a través de la inspiración llegamos a comprender más plenamente esta misericordia, compasión, y anhelo de parte del Creador por la salvación del hombre. Entonces podemos ver claramente que este tema, la restauración del hombre a la imagen de Dios, es exactamente el tema central de la Biblia. Es el tópico consumidor, el mensaje totalmente comprensivo que Dios desea que entendamos. Por lo tanto, las palabras a seguir llegan a ser no solamente comprensibles, pero también lógicas y, por su vez, urgentes.

"El tema central de la Biblia, el tema alrededor del cual se agrupan todos los demás del Libro, es el plan de la redención, la restauración de la imagen de Dios en el alma humana. Desde la primera insinuación de esperanza que se hizo en la sentencia pronunciada en el Edén, hasta la gloriosa promesa del Apocalipsis: 'Y verán su rostro, y su nombre estará en sus frentes' (Apocalipsis 22:4), el propósito de cada libro y pasaje de la Biblia es el desarrollo de este maravilloso tema: La elevación del hombre, el poder de Dios, 'que nos da la victoria por medio de nuestro Señor Jesucristo' (1 Corintios 15:57).

"El que capta este pensamiento, tiene ante sí un campo infinito de estudio. Tiene la llave que le abrirá todo el tesoro de la Palabra de Dios" (*La Educación*, p. 125, 126).

Mientras consideramos esta verdad, también podemos ver la razón, la lógica, y la rectitud en esta declaración que sigue: "No se saca sino un beneficio muy pequeño de una lectura precipitada de las Sagradas Escrituras. Uno puede leer toda la Biblia y quedarse, sin embargo, sin ver su belleza o comprender su sentido profundo y oculto. Un pasaje estudiado hasta que su significado nos sea claro y evidentes sus relaciones con el plan de salvación, resulta de mucho más valor que la lectura de muchos capítulos sin un propósito determinado y sin obtener una instrucción positiva" (*El Camino a Cristo*, p. 90).

Al estudiar el asunto de la inspiración, encontramos claramente delineada la lucha entre Dios y Satanás, el bien y el mal, la justicia y la injusticia, y aprendemos acerca del poderoso plan de Dios y su Hijo unigénito, Jesús, para proveer un medio de salida de la maldición y las consecuencias del pecado. ¡Cuán verdadera la palabra, que él que comprende que el pacto divino para redimir al hombre es el tema central de la Biblia "tiene la llave que le abrirá todo el tesoro de la Palabra de Dios"!

Así, querido lector, el estudio profundo y sincero del nuevo pacto, el plan de la redención—el fundamento de la fe cristiana—y su aplicación a nuestros corazones y vidas, es el principal blanco y propósito de este libro. El segundo blanco y propósito es de ganar una comprensión más profunda de los pilares de nuestra fe, para que, junto con el fundamento, dé solidez y fuerza a nuestra fe. Que puedas estudiar cada asunto a través del lente, la lupa del nuevo pacto, el plan maravilloso de Dios de la redención, para restaurar al hombre a su propia imagen. Que Dios sea contigo mientras lees, y que el Espíritu Santo sea tu Maestro y Guía.

"Porque de tal manera amó Dios al mundo, que ha dado a su Hijo unigénito, para que todo aquel que en él cree, no se pierda, mas tenga vida eterna" Juan 3:16.

"El tema central de la Biblia, el tema alrededor del cual se agrupan todos los demás del Libro, es el plan de la redención, la restauración de la imagen de Dios en el alma humana" (*La Educación*, p. 125).

Capítulo 1

El Fundamento—El Nuevo Pacto

1 Corintios 3:11
"Porque nadie puede poner otro fundamento que el que está puesto, el cual es Jesucristo."

Salmo 111:9
"Redención ha enviado a su pueblo; para siempre ha ordenado su pacto; santo y temible es su nombre."

Zacarías 6:13
"El edificará el templo de Jehová, y él llevará gloria, y se sentará y dominará en su trono, y habrá sacerdote a su lado; y consejo de paz habrá entre ambos."

Apocalipsis 13:8
"Y la adoraron todos los moradores de la tierra cuyos nombres no estaban escritos en el libro de la vida del Cordero que fue inmolado desde el principio del mundo."

Juan 3:16
"Porque de tal manera amó Dios al mundo, que ha dado a su Hijo unigénito, para que todo aquel que en él cree, no se pierda, mas tenga vida eterna."

***Patriarcas y Profetas*, p. 48**
"El Hijo de Dios, el glorioso Soberano del cielo, se conmovió de compasión por la raza caída. Una infinita misericordia conmovió su corazón al evocar las desgracias de un mundo perdido. Pero el amor divino había concebido un plan mediante el cual el hombre podría ser redimido. La quebrantada ley de Dios exigía la vida del pecador. En todo el universo sólo existía uno que podía satisfacer sus exigencias en lugar del hombre. Puesto que la ley divina es tan sagrada como el mismo Dios, sólo uno igual a Dios podría expiar su transgresión. Ninguno sino Cristo podía salvar al hombre de la maldición de la ley, y colocarlo otra vez en armonía con el Cielo. Cristo cargaría con la culpa y la vergüenza del pecado, que era algo tan abominable a los ojos de Dios que iba a separar al Padre y su Hijo. Cristo descendería a la profundidad de la desgracia para rescatar la raza caída.

"Cristo intercedió ante el Padre en favor del pecador, mientras la hueste celestial esperaba los resultados con tan intenso interés que la palabra no puede expresarlo. Mucho tiempo duró aquella misteriosa conversación, el 'consejo de paz' (Zacarías 6:13) en favor del hombre caído. El plan de la salvación había sido concebido antes de la creación del mundo; pues Cristo es 'el Cordero, el cual fue muerto desde el principio del mundo.' Apocalipsis 13:8. Sin embargo, fue una lucha, aun para el mismo Rey del universo, entregar a su Hijo a la muerte por la raza culpable. Pero, 'de tal manera amó Dios al mundo, que ha dado a su Hijo unigénito, para que todo aquel que en él cree, no se pierda, mas tenga vida eterna.' Juan 3:16."

2 Corintios 5:15-21
"Y por todos murió, para que los que viven, ya no vivan para sí, sino para aquel que murió y resucitó por ellos.

"De manera que nosotros de aquí en adelante a nadie conocemos según la carne; y aun si a Cristo conocimos según la carne, ya no lo conocemos así. De modo que si alguno está en Cristo, nueva criatura es; las cosas viejas pasaron; he aquí todas son hechas nuevas. Y todo esto proviene de Dios, quien nos reconcilió consigo mismo por Cristo, y nos dio el ministerio de la reconciliación; que Dios estaba en Cristo reconciliando consigo al mundo, no tomándoles en cuenta a los hombres sus pecados, y nos encargó a nosotros la palabra de la reconciliación.

"Así que, somos embajadores en nombre de Cristo, como si Dios rogase por medio de nosotros; os rogamos en nombre de Cristo: Reconciliaos con Dios. Al que no conoció pecado, por nosotros lo hizo pecado, para que nosotros fuésemos hechos justicia de Dios en él."

1 Juan 3:2
"Amados, ahora somos hijos de Dios, y aún no se ha manifestado lo que hemos de ser; pero sabemos que cuando él se manifieste, seremos semejantes a él, porque le veremos tal como él es."

Hebreos 1:14
"¿No son todos espíritus ministradores, enviados para servicio a favor de los que serán herederos de la salvación?"

Hebreos 2:18
"Pues en cuanto él mismo padeció siendo tentado, es poderoso para socorrer a los que son tentados."

Hebreos 2:9
"Pero vemos a aquel que fue hecho un poco menor que los ángeles, a Jesús, coronado de gloria y de honra, a causa del padecimiento de la muerte, para que por la gracia de Dios gustase la muerte por todos."

Patriarcas y Profetas, pp. 49, 50
"Dios se iba a manifestar en Cristo, 'reconciliando el mundo a sí.' 2 Corintios 5:19. El hombre se había envilecido tanto por el pecado que le era imposible por sí mismo ponerse en armonía con Aquel cuya naturaleza es bondad y pureza. Pero después de haber redimido al mundo de la condenación de la ley, Cristo podría impartir poder divino al esfuerzo humano. Así, mediante el arrepentimiento ante Dios y la fe en Cristo, los caídos hijos de Adán podrían convertirse nuevamente en 'hijos de Dios.' 1 Juan 3:2.

"El único plan que podía asegurar la salvación del hombre afectaba a todo el cielo en su infinito sacrificio. Los ángeles no podían regocijarse mientras Cristo les explicaba el plan de redención, pues veían que la salvación del hombre iba a costar indecible angustia a su amado Jefe. Llenos de asombro y pesar, le escucharon cuando les dijo que debería bajar de la pureza, paz, gozo, gloria y vida inmortal del cielo, a la degradación de la tierra, para soportar dolor, vergüenza y muerte. Se interpondría entre el pecador y la pena del pecado, pero pocos le recibirían como el Hijo de Dios. Dejaría su elevada posición de Soberano del cielo para presentarse en la tierra, y humillándose como hombre, conocería por su propia experiencia las tristezas y tentaciones que el hombre habría de sufrir. Todo esto era necesario para que pudiese socorrer a los que iban a ser tentados. Hebreos 2:18. Cuando hubiese terminado su misión como maestro, sería entregado en manos de los impíos y sometido a todo insulto y tormento que Satanás pudiera inspirarles. Sufriría la más cruel de las muertes, levantado en alto entre la tierra y el cielo como un pecador culpable. Pasaría largas horas de tan terrible agonía, que los ángeles se habrían de velar el rostro para no ver semejante escena. Mientras la culpa de la transgresión y la carga de los pecados del mundo pesaran sobre él, tendría que sufrir angustia del alma y hasta su Padre ocultaría de él su rostro.

"Los ángeles se postraron de hinojos ante su Soberano y se ofrecieron ellos mismos como sacrificio por el hombre. Pero la vida de un ángel no podía satisfacer la deuda; solamente Aquel que había creado al hombre tenía poder para redimirlo. No obstante, los ángeles iban a tener una parte que desempeñar en el plan de redención. Cristo iba a ser hecho 'un poco ... inferior a los ángeles, para que ... gustase la muerte.' Hebreos 2:9 (VM). Cuando adoptara la naturaleza humana, su poder no sería semejante al de los ángeles, y ellos habrían de servirle, fortalecerle y mitigar su profundo sufrimiento. Asimismo, los ángeles habrían de ser espíritus auxiliadores, enviados para ayudar a los que fuesen herederos de la salvación. Hebreos 1:14. Guardarían a los súbditos de la gracia del poder de los malos ángeles y de las tinieblas que Satanás esparciría constantemente alrededor de ellos.

"Cuando los ángeles presenciaran la agonía y humillación de su Señor, se llenarían de dolor e indignación, y desearían librarlo de sus verdugos; mas no debían interponerse para evitar lo que vieran. Era parte del plan de la redención que Cristo sufriese el escarnio y el abuso de los impíos; y él mismo consintió en todo esto al convertirse en Redentor del hombre.

"Cristo aseguró a los ángeles que mediante su muerte iba a rescatar a muchos, destruyendo al que tenía el imperio de la muerte. Iba a recuperar el reino que el hombre había perdido por su transgresión, y que los redimidos habrían de heredar juntamente con él, para morar eternamente allí. El pecado y los pecadores iban a ser exterminados, para nunca más perturbar la paz del cielo y de la tierra.

Pidió a la hueste angélica que concordase con el plan que su Padre había aceptado, y que se regocijasen en que mediante su muerte el hombre caído podría reconciliarse con Dios."

Génesis 3:15

"Y pondré enemistad entre ti y la mujer, y entre tu simiente y la simiente suya; ésta te herirá en la cabeza, y tú le herirás en el calcañar."

Patriarcas y Profetas, p. 54

"La primera indicación que el hombre tuvo acerca de su redención la oyó en la sentencia pronunciada contra Satanás en el huerto. El Señor declaró: 'Y enemistad pondré entre ti y la mujer, y entre tu simiente y la simiente suya; ésta te herirá en la cabeza, y tú le herirás en el calcañar.' Génesis 3:15. Esta sentencia, pronunciada en presencia de nuestros primeros padres, fue una promesa para ellos. Mientras predecía la lucha entre el hombre y Satanás, declaraba que el poder del gran adversario sería finalmente destruido. Adán y Eva estaban como criminales ante el justo Juez, y aguardaban la sentencia que merecía su transgresión; pero antes de oír hablar de la vida de trabajo y angustia que sería su destino, o del decreto que determinaba que volverían al polvo, escucharon palabras que no podían menos que infundirles esperanza. Aunque habrían de padecer por efecto del poder de su gran enemigo, podrían esperar una victoria final."

Juan 12:31, 32

"Ahora es el juicio de este mundo; ahora el príncipe de este mundo será echado fuera. Y yo, si fuere levantado de la tierra, a todos atraeré a mí mismo."

Patriarcas y Profetas, p. 51

"Pero el plan de redención tenía un propósito todavía más amplio y profundo que el de salvar al hombre. Cristo no vino a la tierra sólo por este motivo; no vino meramente para que los habitantes de este pequeño mundo acatasen la ley de Dios como debe ser acatada; sino que vino para vindicar el carácter de Dios ante el universo. A este resultado de su gran sacrificio, a su influencia sobre los seres de otros mundos, así como sobre el hombre, se refirió el Salvador cuando poco antes de su crucifixión dijo: 'Ahora es el juicio de este mundo: ahora el príncipe de este mundo será echado fuera. Y yo, si fuere levantado de la tierra, a todos traeré a mí mismo.' Juan 12:31, 32. El acto de Cristo, de morir por la salvación del hombre, no sólo haría accesible el cielo para los hombres, sino que ante todo el universo justificaría a Dios y a su Hijo en su trato con la rebelión de Satanás. Demostraría la perpetuidad de la ley de Dios, y revelaría la naturaleza y las consecuencias del pecado."

Génesis 22:18

"En tu simiente serán benditas todas las naciones de la tierra, por cuanto obedeciste a mi voz."

Gálatas 3:8, 16

"Y la Escritura, previendo que Dios había de justificar por la fe a los gentiles, dio de antemano la buena nueva a Abraham, diciendo: En ti serán benditas todas las naciones…. Ahora bien, a Abraham fueron hechas las promesas, y a su simiente. No dice: Y a las simientes, como si hablase de muchos, sino como de uno: Y a tu simiente, la cual es Cristo."

Génesis 17:1

"Era Abram de edad de noventa y nueve años, cuando le apareció Jehová y le dijo: Yo soy el Dios Todopoderoso; anda delante de mí y sé perfecto."

Génesis 26:5

"Por cuanto oyó Abraham mi voz, y guardó mi precepto, mis mandamientos, mis estatutos y mis leyes."

Génesis 17:7

"Y estableceré mi pacto entre mí y ti, y tu descendencia después de ti en sus generaciones, por pacto perpetuo, para ser tu Dios, y el de tu descendencia después de ti."

> "Este pacto … era sencillamente un arreglo para restituir al hombre a la armonía con la voluntad divina, colocándolo en situación de poder obedecer la ley de Dios."

Patriarcas y Profetas, pp. 386, 387

"El pacto de la gracia se estableció primeramente con el hombre en el Edén, cuando después de la caída se dio la promesa divina de que la simiente de la mujer heriría a la serpiente en la cabeza. Este pacto puso al alcance de todos los hombres el perdón y la ayuda de la gracia de Dios para obedecer en lo futuro mediante la fe en Cristo. También les prometía la vida eterna si eran fieles a la ley de Dios. Así recibieron los patriarcas la esperanza de la salvación.

"Este mismo pacto le fue renovado a Abrahán en la promesa: 'En tu simiente serán benditas todas las gentes de la tierra.' Génesis

22:18. Esta promesa dirigía los pensamientos hacia Cristo. Así la entendió Abrahán (Véase Gálatas 3:8, 16), y confió en Cristo para obtener el perdón de sus pecados. Fue esta fe la que se le contó como justicia. El pacto con Abrahán también mantuvo la autoridad de la ley de Dios. El Señor se le apareció y le dijo: 'Yo soy el Dios Todopoderoso; anda delante de mí, y sé perfecto.' El testimonio de Dios respecto a su siervo fiel fue: 'Oyó Abraham mi voz, y guardó mi precepto, mis mandamientos, mis estatutos y mis leyes,' y el Señor le declaró: 'Estableceré mi pacto entre mí y ti, y tu simiente después de ti en sus generaciones, por *alianza perpetua,* para serte a ti por Dios, y a tu simiente después de ti.' Génesis 17:1, 7; 26:5.

"Aunque este pacto fue hecho con Adán, y más tarde se le renovó a Abrahán, no pudo ratificarse sino hasta la muerte de Cristo. Existió en virtud de la promesa de Dios desde que se indicó por primera vez la posibilidad de redención. Fue aceptado por fe: no obstante, cuando Cristo lo ratificó fue llamado el pacto *nuevo.* La ley de Dios fue la base de este pacto, que era sencillamente un arreglo para restituir al hombre a la armonía con la voluntad divina, colocándolo en situación de poder obedecer la ley de Dios."

Romanos 16:25
"Y al que puede confirmaros según mi evangelio y la predicación de Jesucristo, según la revelación del misterio que se ha mantenido oculto desde tiempos eternos."

El Deseado de Todas las Gentes, p. 22
"El plan de nuestra redención no fue una reflexión ulterior, formulada después de la caída de Adán. Fue una revelación 'del misterio que por tiempos eternos fue guardado en silencio.' Fue una manifestación de los principios que desde edades eternas habían sido el fundamento del trono de Dios. Desde el principio, Dios y Cristo sabían de la apostasía de Satanás y de la caída del hombre seducido por el apóstata. Dios no ordenó que el pecado existiese, sino que previó su existencia, e hizo provisión para hacer frente a la terrible emergencia. Tan grande fue su amor por el mundo, que se comprometió a dar a su Hijo unigénito 'para que todo aquel que en él cree, no se pierda, mas tenga vida eterna.' Juan 3:16."

> "Tan grande fue su amor por el mundo, que se comprometió a dar a su Hijo unigénito 'para que todo aquel que en él cree, no se pierda, mas tenga vida eterna.'"

Isaías 53:7
"Angustiado él, y afligido, no abrió su boca; como cordero fue llevado al matadero; y como oveja delante de sus trasquiladores, enmudeció, y no abrió su boca."

Juan 1:29-34
"El siguiente día vio Juan a Jesús que venía a él, y dijo: He aquí el Cordero de Dios, que quita el pecado del mundo. Este es aquel de quien yo dije: Después de mí viene un varón, el cual es antes de mí; porque era primero que yo. Y yo no le conocía; mas para que fuese manifestado a Israel, por esto vine yo bautizando con agua. También dio Juan testimonio, diciendo: Vi al Espíritu que descendía del cielo como paloma, y permaneció sobre él. Y yo no le conocía; pero el que me envió a bautizar con agua, aquél me dijo: Sobre quien veas

descender el Espíritu y que permanece sobre él, ése es el que bautiza con el Espíritu Santo. Y yo le vi, y he dado testimonio de que éste es el Hijo de Dios."

***El Deseado de Todas las Gentes*, pp. 110**
"Cuando, en ocasión del bautismo de Jesús, Juan le señaló como el Cordero de Dios, una nueva luz resplandeció sobre la obra del Mesías. La mente del profeta fue dirigida a las palabras de Isaías: 'Como cordero fue llevado al matadero.' Durante las semanas que siguieron, Juan estudió con nuevo interés las profecías y la enseñanza de las ceremonias de los sacrificios. No distinguía claramente las dos fases de la obra de Cristo—como sacrificio doliente y como rey vencedor—pero veía que su venida tenía un significado más profundo que el que discernían los sacerdotes y el pueblo. Cuando vio a Jesús entre la muchedumbre, al volver él del desierto, esperó confiadamente que daría al pueblo alguna señal de su verdadero carácter. Casi impacientemente esperaba oír al Salvador declarar su misión; pero Jesús no pronunció una palabra ni dio señal alguna. No respondió al anuncio que hiciera el Bautista acerca de él, sino que se mezcló con los discípulos de Juan sin dar evidencia externa de su obra especial, ni tomar medidas que lo pusiesen en evidencia.

"Al día siguiente, Juan vio venir a Jesús. Con la luz de la gloria de Dios descansando sobre él, el profeta extendió las manos diciendo: 'He aquí el Cordero de Dios, que quita el pecado del mundo.' Este es del que dije: Tras mí viene un varón, el cual es antes de mí: ... y yo no le conocía; mas para que fuese manifestado a Israel, por eso vine yo bautizando con agua... Vi al Espíritu que descendía del cielo como paloma, y reposó sobre él. Y yo no le conocía; mas el que me envió a bautizar con agua, Aquél me dijo: Sobre quien vieres descender el Espíritu, y que reposa sobre él, éste es el que bautiza con Espíritu Santo. Y yo le vi, y he dado testimonio que éste es el Hijo de Dios.'"

Hebreos 8:1, 2
"Ahora bien, el punto principal de lo que venimos diciendo es que tenemos tal sumo sacerdote, el cual se sentó a la diestra del trono de la Majestad en los cielos, ministro del santuario, y de aquel verdadero tabernáculo que levantó el Señor, y no el hombre."

***El Conflicto de los Siglos*, p. 408**
"'Lo principal, pues, entre las cosas que decimos es esto: Tenemos un tal sumo sacerdote que se ha sentado a la diestra del trono de la Majestad en los cielos; ministro del santuario, y del verdadero tabernáculo, que plantó el Señor, y no el hombre'. Hebreos 8:1, 2 (VM). Aquí tenemos revelado el santuario del nuevo pacto."

Apocalipsis 7:9, 10
"Después de esto miré, y he aquí una gran multitud, la cual nadie podía contar, de todas naciones y tribus y pueblos y lenguas, que estaban delante del trono y en la presencia del Cordero, vestidos de ropas blancas, y con palmas en las manos; y clamaban a gran voz, diciendo: La salvación pertenece a nuestro Dios que está sentado en el trono, y al Cordero."

***El Conflicto de los Siglos*, p. 645, 646**
"Entonces Cristo reaparece a la vista de sus enemigos. Muy por encima de la ciudad, sobre un fundamento de oro bruñido, hay un trono alto y encumbrado. En el trono está sentado el Hijo de Dios, y en torno suyo están los súbditos de su reino. Ningún lenguaje, ninguna pluma pueden expresar ni describir el poder

y la majestad de Cristo. La gloria del Padre Eterno envuelve a su Hijo. El esplendor de su presencia llena la ciudad de Dios, rebosando más allá de las puertas e inundando toda la tierra con su brillo.

"Inmediatos al trono se encuentran los que fueron alguna vez celosos en la causa de Satanás, pero que, cual tizones arrancados del fuego, siguieron luego a su Salvador con profunda e intensa devoción. Vienen después los que perfeccionaron su carácter cristiano en medio de la mentira y de la incredulidad, los que honraron la ley de Dios cuando el mundo cristiano la declaró abolida, y los millones de todas las edades que fueron martirizados por su fe. Y más allá está la 'grande muchedumbre, que nadie podía contar, de entre todas las naciones, y las tribus, y los pueblos, y las lenguas ... de pie ante el trono y delante del Cordero, revestidos de ropas blancas, y teniendo palmas en sus manos.' Apocalipsis 7:9 (VM). Su lucha terminó; ganaron la victoria. Disputaron el premio de la carrera y lo alcanzaron. La palma que llevan en la mano es símbolo de su triunfo, la vestidura blanca, emblema de la justicia perfecta de Cristo que es ahora de ellos.

"Los redimidos entonan un canto de alabanza que se extiende y repercute por las bóvedas del cielo: '¡Atribúyase la salvación a nuestro Dios, que está sentado sobre el trono, y al Cordero!' Vers. 10. Ángeles y serafines unen sus voces en adoración. Al ver los redimidos el poder y la malignidad de Satanás, han comprendido, como nunca antes, que ningún poder fuera del de Cristo habría podido hacerlos vencedores. Entre toda esa muchedumbre ni uno se atribuye a sí mismo la salvación, como si hubiese prevalecido con su propio poder y su bondad. Nada se dice de lo que han hecho o sufrido, sino que el tema de cada canto, la nota dominante de cada antífona es: 'Salvación a nuestro Dios y al Cordero.'"

Apocalipsis 5:12
"Que decían a gran voz: El Cordero que fue inmolado es digno de tomar el poder, las riquezas, la sabiduría, la fortaleza, la honra, la gloria y la alabanza."

El Conflicto de los Siglos, p. 651
"El universo entero contempló el gran sacrificio hecho por el Padre y el Hijo en beneficio del hombre. Ha llegado la hora en que Cristo ocupa el puesto a que tiene derecho, y es exaltado sobre los principados y potestades, y sobre todo nombre que se nombra. A fin de alcanzar el gozo que le fuera propuesto—el de llevar muchos hijos a la gloria—sufrió la cruz y menospreció la vergüenza. Y por inconcebiblemente grandes que fuesen el dolor y el oprobio, mayores aún son la dicha y la gloria. Echa una mirada hacia los redimidos, transformados a su propia imagen, y cuyos corazones llevan el sello perfecto de lo divino y cuyas caras reflejan la semejanza de su Rey. Contempla en ellos el resultado de las angustias de su alma, y está satisfecho. Luego, con voz que llega hasta las multitudes reunidas de los justos y de los impíos, exclama: '¡Contemplad el rescate de mi sangre! Por estos sufrí, por estos morí, para que pudiesen permanecer en mi presencia a través de las edades eternas.' Y de entre los revestidos con túnicas blancas en torno del trono, asciende el canto de alabanza: '¡Digno es el Cordero que ha sido inmolado, de recibir el poder, y la riqueza, y la sabiduría, y la fortaleza, y la honra, y la gloria, y la bendición!' Apocalipsis 5:12 (VM)."

Apocalipsis 21:1
"Vi un cielo nuevo y una tierra nueva; porque el primer cielo y la primera tierra pasaron, y el mar ya no existía más."

Habacuc 3:4
"Y el resplandor fue como la luz; rayos brillantes salían de su mano, y allí estaba escondido su poder."

Isaías 63:1
"¿Quién es éste que viene de Edom, de Bosra, con vestidos rojos? ¿éste hermoso en su vestido, que marcha en la grandeza de su poder? Yo, el que hablo en justicia, grande para salvar."

El Conflicto de los Siglos, p. 654
"'Vi un cielo nuevo y una tierra nueva; porque el primer cielo y la primera tierra han pasado.' Apocalipsis 21:1 (VM). El fuego que consume a los impíos purifica la tierra. Desaparece todo rastro de la maldición. Ningún infierno que arda eternamente recordará a los redimidos las terribles consecuencias del pecado.

"Solo queda un recuerdo: nuestro Redentor llevará siempre las señales de su crucifixión. En su cabeza herida, en su costado, en sus manos y en sus pies se ven las únicas huellas de la obra cruel efectuada por el pecado. El profeta, al contemplar a Cristo en su gloria, dice: 'Su resplandor es como el fuego, y salen de su mano rayos de luz; y allí mismo está el escondedero de su poder.' Habacuc 3:4 (VM). En sus manos, y su costado heridos, de donde manó la corriente purpurina que reconcilió al hombre con Dios, allí está la gloria del Salvador, 'allí mismo está el escondedero de su poder.' 'Poderoso para salvar' por el sacrificio de la redención, fue por consiguiente fuerte para ejecutar la justicia para con aquellos que despreciaron la misericordia de Dios. Y las marcas de su humillación son su mayor honor; a través de las edades eternas, las llagas del Calvario proclamarán su alabanza y declararán su poder."

El Conflicto de los Siglos, p. 657
"El gran conflicto ha terminado. Ya no hay más pecado ni pecadores. Todo el universo está purificado. La misma pulsación de armonía y de gozo late en toda la creación. De Aquel que todo lo creó manan vida, luz y contentamiento por toda la extensión del espacio infinito. Desde el átomo más imperceptible hasta el mundo más vasto, todas las cosas animadas e inanimadas, declaran en su belleza sin mácula y en júbilo perfecto, que Dios es amor."

Salmo 77:13
"Oh Dios, santo es tu camino; ¿qué dios es grande como nuestro Dios?"

Salmo 150:1
"Alabad a Dios en su santuario; alabadle en la magnificencia de su firmamento."

"Ahora bien, el punto principal de lo que venimos diciendo es que tenemos tal sumo sacerdote, el cual se sentó a la diestra del trono de la Majestad en los cielos, ministro del santuario, y de aquel verdadero tabernáculo que levantó el Señor, y no el hombre."
Hebreos 8:1, 2

"La intercesión de Cristo por el hombre en el santuario celestial es tan esencial para el plan de la salvación como lo fue su muerte en la cruz."
El Conflicto de los Siglos, p. 479.

Capítulo 2
El Santuario del Nuevo Pacto

Hebreos 8:1, 2
"Ahora bien, el punto principal de lo que venimos diciendo es que tenemos tal sumo sacerdote, el cual se sentó a la diestra del trono de la Majestad en los cielos, ministro del santuario, y de aquel verdadero tabernáculo que levantó el Señor, y no el hombre."

El Conflicto de los Siglos, p. 408
"'Lo principal, pues, entre las cosas que decimos es esto: Tenemos un tal sumo sacerdote que se ha sentado a la diestra del trono de la Majestad en los cielos; ministro del santuario, y del verdadero tabernáculo, que plantó el Señor, y no el hombre.' Hebreos 8:1, 2 (VM). Aquí tenemos revelado el santuario del nuevo pacto."

Daniel 8:14
"Y él dijo: Hasta dos mil trescientas tardes y mañanas; luego el santuario será purificado."

El Conflicto de los Siglos, p. 412
"Las Escrituras contestan con claridad a la pregunta: ¿Qué es el santuario? La palabra 'santuario', tal cual la usa la Biblia, se refiere, en primer lugar, al tabernáculo que construyó Moisés, como figura o imagen de las cosas celestiales; y, en segundo lugar, al 'verdadero tabernáculo' en el cielo, hacia el cual señalaba el santuario terrenal. Muerto Cristo, terminó el ritual típico. El 'verdadero tabernáculo' en el cielo es el santuario del nuevo pacto. Y como la profecía de Daniel 8:14 se cumple en esta dispensación, el santuario al cual se refiere debe ser el santuario del nuevo pacto. Cuando terminaron los 2.300 días, en 1844, hacía muchos siglos que no había santuario en la tierra. De manera que la profecía: 'Hasta dos mil y trescientas tardes y mañanas; entonces será purificado el santuario', se refiere indudablemente al santuario que está en el cielo."

> "El 'verdadero tabernáculo' en el cielo ... es el santuario del nuevo pacto."

Hebreos 9:9
"Lo cual es símbolo para el tiempo presente, según el cual se presentan ofrendas y sacrificios que no pueden hacer perfecto, en cuanto a la conciencia, al que practica ese culto."

Hebreos 9:23, 24
"Fue, pues, necesario que las figuras de las cosas celestiales fuesen purificadas así; pero las cosas celestiales mismas, con mejores sacrificios que estos. Porque no entró Cristo en el santuario hecho de mano, figura del verdadero, sino en el cielo mismo para presentarse ahora por nosotros ante Dios."

Apocalipsis 4:5
"Y del trono salían relámpagos y truenos y voces; y delante del trono ardían siete lámparas de fuego, las cuales son los siete espíritus de Dios."

Apocalipsis 8:3
"Otro ángel vino entonces y se paró ante el altar, con un incensario de oro; y se le dio

mucho incienso para añadirlo a las oraciones de todos los santos, sobre el altar de oro que estaba delante del trono."

Apocalipsis 11:19
"Y el templo de Dios fue abierto en el cielo, y el arca de su pacto se veía en el templo. Y hubo relámpagos, voces, truenos, un terremoto y grande granizo."

Patriarcas y Profetas, p. 370
"Como se ha dicho, el santuario terrenal fue construido por Moisés, conforme al modelo que se le mostró en el monte. 'Era figura de aquel tiempo presente, en el cual se ofrecían presentes y sacrificios.' Los dos lugares santos eran 'figuras de las cosas celestiales.' Cristo, nuestro gran Sumo Sacerdote, es el 'ministro del santuario, y de aquel verdadero tabernáculo que el Señor asentó, y no hombre.' Hebreos 9:9, 23; 8:2. Cuando en visión se le mostró al apóstol Juan el templo de Dios que está en el cielo, vio allí 'siete lámparas de fuego ... ardiendo delante del trono.' Vio también a un ángel 'teniendo un incensario de oro; y le fue dado mucho incienso para que lo añadiese a las oraciones de todos los santos sobre el altar de oro que estaba delante del trono.' Apocalipsis 4:5; 8:3. Se le permitió al profeta contemplar el lugar santo del santuario celestial; y vio allí 'siete lámparas de fuego ardiendo' y 'el altar de oro,' representados por el candelero de oro y el altar del incienso o perfume en el santuario terrenal. Nuevamente 'el templo de Dios fue abierto en el cielo' (Apocalipsis 11:19), y vio el lugar santísimo detrás del velo interior. Allí contempló 'el arca de su testamento,' representada por el arca sagrada construida por Moisés para guardar la ley de Dios."

Hebreos 9:1-3
"Ahora bien, aun el primer pacto tenía ordenanzas de culto y un santuario terrenal. Porque el tabernáculo estaba dispuesto así: en la primera parte, llamada el Lugar Santo, estaban el candelabro, la mesa y los panes de la proposición. Tras el segundo velo estaba la parte del tabernáculo llamada el Lugar Santísimo."

Éxodo 25:9, 40
"Conforme a todo lo que yo te muestre, el diseño del tabernáculo, y el diseño de todos sus utensilios, así lo haréis.... Mira y hazlos conforme al modelo que te ha sido mostrado en el monte."

Hebreos 8:5
"Los cuales sirven a lo que es figura y sombra de las cosas celestiales, como se le advirtió a Moisés cuando iba a erigir el tabernáculo, diciéndole: Mira, haz todas las cosas conforme al modelo que se te ha mostrado en el monte."

El Conflicto de los Siglos, pp. 408, 409
"Después que los israelitas se hubieron establecido en Canaán el tabernáculo fue reemplazado por el templo de Salomón, el cual, aunque edificio permanente y de mayores dimensiones, conservaba las mismas proporciones y el mismo amueblado. El santuario subsistió así—menos durante el plazo en que permaneció en ruinas en tiempo de Daniel—hasta su destrucción por los romanos, en el año 70 de nuestra era.

"Tal fue el único santuario que haya existido en la tierra y del cual la Biblia nos dé alguna información. ... Pablo dijo de él que era el santuario del primer pacto. ¿Pero no tiene el nuevo pacto también el suyo?

"Volviendo al libro de los Hebreos, los que buscaban la verdad encontraron que existía un segundo santuario, o sea el del nuevo pacto, al cual se alude en las palabras ya citadas del apóstol Pablo: 'En verdad el primer pacto también tenía reglamentos del culto, y su santuario que lo era de este mundo.' El uso de la palabra 'también' implica que ... Pablo ha hecho antes mención de este santuario. Volviendo al principio del capítulo anterior, se lee: 'Lo principal, pues, entre las cosas que decimos es esto: Tenemos un tal sumo sacerdote que se ha sentado a la diestra del trono de la Majestad en los cielos; ministro del santuario, y del verdadero tabernáculo, que plantó el Señor, y no el hombre.' Hebreos 8:1, 2 (VM).

"Aquí tenemos revelado el santuario del nuevo pacto. El santuario del primer pacto fue asentado por el hombre, construido por Moisés; este segundo es asentado por el Señor, no por el hombre. En aquel santuario los sacerdotes terrenales desempeñaban el servicio; en este es Cristo, nuestro gran Sumo Sacerdote, quien ministra a la diestra de Dios. Uno de los santuarios estaba en la tierra, el otro está en el cielo.

"Además, el tabernáculo construido por Moisés fue hecho según un modelo. El Señor le ordenó: 'Conforme a todo lo que yo te mostrare, el diseño del tabernáculo, y el diseño de todos sus vasos, así lo haréis.' Y le mandó además: 'Mira, y hazlos conforme a su modelo, que te ha sido mostrado en el monte.' Éxodo 25:9, 40. Y ... Pablo dice que el primer tabernáculo 'era una parábola para aquel tiempo entonces presente; conforme a la cual se ofrecían dones y sacrificios'; que sus santos lugares eran 'representaciones de las cosas celestiales'; que los sacerdotes que presentaban las ofrendas según la ley, ministraban lo que era 'la mera representación y sombra de las cosas celestiales', y que 'no entró Cristo en un lugar santo hecho de mano, que es una mera representación del verdadero, sino en el cielo mismo, para presentarse ahora delante de Dios por nosotros'. Hebreos 9:9, 23; 8:5; Hebreos 9:24 (VM).

"El santuario celestial, en el cual Jesús ministra, es el gran modelo, del cual el santuario edificado por Moisés no era más que trasunto."

Daniel 7:10

"Un río de fuego procedía y salía de delante de él; millares de millares le servían, y millones de millones asistían delante de él; el Juez se sentó, y los libros fueron abiertos."

El Conflicto de los Siglos, pp. 409, 410

"El esplendor incomparable del tabernáculo terrenal reflejaba a la vista humana la gloria de aquel templo celestial donde Cristo nuestro precursor ministra por nosotros ante el trono de Dios. La morada del Rey de reyes, donde miles y miles ministran delante de él, y millones de millones están en su presencia (Daniel 7:10); ese templo, lleno de la gloria del trono eterno, donde los serafines, sus flamantes guardianes, cubren sus rostros en adoración, no podía encontrar en la más grandiosa construcción que jamás edificaran manos humanas, más que un pálido reflejo de su inmensidad y de su gloria. Con todo, el santuario terrenal y sus servicios revelaban importantes verdades relativas al santuario celestial y a la gran obra que se llevaba allí a cabo para la redención del hombre.

"Los lugares santos del santuario celestial están representados por los dos departamentos del santuario terrenal. Cuando en una visión le fue dado al apóstol Juan que viese el templo de Dios en el cielo, contempló allí 'siete lámparas de fuego ardiendo delante del trono.' Apocalipsis 4:5 (VM). Vio un ángel que tenía 'en su mano un incensario de oro; y le fue dado mucho incienso, para que lo añadiese a las oraciones de todos los santos, encima del altar de oro que estaba delante del trono.' Apocalipsis 8:3 (VM). Se le permitió al profeta contemplar el primer departamento del santuario en el cielo; y vio allí las 'siete lámparas de fuego' y el 'altar de oro' representados por el candelabro de oro y el altar de incienso en el santuario terrenal. De nuevo, 'fue abierto el templo de Dios' (Apocalipsis 11:19, VM), y miró hacia adentro del velo interior, el lugar santísimo. Allí vio 'el arca de su pacto.' representada por el cofre sagrado construido por Moisés para guardar la ley de Dios.

"Así fue como los que estaban estudiando ese asunto encontraron pruebas irrefutables de la existencia de un santuario en el cielo. Moisés hizo el santuario terrenal según un modelo que le fue enseñado…. Pablo declara que ese modelo era el verdadero santuario que está en el cielo. Y San Juan afirma que lo vio en el cielo.

"En el templo celestial, la morada de Dios, su trono está asentado en juicio y en justicia. En el lugar santísimo está su ley, la gran regla de justicia por la cual es probada toda la humanidad. El arca, que contiene las tablas de la ley, está cubierta con el propiciatorio, ante el cual Cristo ofrece su sangre a favor del pecador."

> **"El santuario en el cielo es el centro mismo de la obra de Cristo en favor de los hombres…. Nos revela el plan de la redención."**

El Conflicto de los Siglos, p. 479

"Los que desean participar de los beneficios de la mediación del Salvador no deben permitir que cosa alguna les impida cumplir su deber de perfeccionarse en la santificación en el temor de Dios. En vez de dedicar horas preciosas a los placeres, a la ostentación o a la búsqueda de ganancias, las consagrarán a un estudio serio y con oración de la Palabra de verdad El pueblo de Dios debería comprender claramente el asunto del santuario y del juicio investigador. Todos necesitan conocer por sí mismos el ministerio y la obra de su gran Sumo Sacerdote. De otro modo, les será imposible ejercitar la fe tan esencial en nuestros tiempos, o desempeñar el puesto al que Dios los llama."

El Conflicto de los Siglos, p. 479

"Todos los que han recibido la luz sobre estos asuntos deben dar testimonio de las grandes verdades que Dios les ha confiado. El santuario en el cielo es el centro mismo de la obra de Cristo en favor de los hombres. Concierne a toda alma que vive en la tierra. Nos revela el plan de la redención, nos conduce hasta el fin mismo del tiempo y anuncia el triunfo final de la lucha entre la justicia y el pecado. Es de la mayor importancia que todos investiguen a fondo estos asuntos, y que estén siempre prontos a dar respuesta a todo aquel que les pidiere razón de la esperanza que hay en ellos.

"La intercesión de Cristo por el hombre en el santuario celestial es tan esencial para el plan de la salvación como lo fue su muerte en la cruz. Con su muerte dio principio a aquella obra para cuya conclusión ascendió al cielo después de su resurrección."

El Conflicto de los Siglos, p. 419

"El asunto del santuario fue la clave que aclaró el misterio del desengaño de 1844. Reveló todo un sistema de verdades, que formaban un conjunto armonioso y demostraban que la mano de Dios había dirigido el gran movimiento adventista, y al poner de manifiesto la situación y la obra de su pueblo le indicaba cuál era su deber de allí en adelante.... Entonces, en el lugar santísimo, contemplaron otra vez a su compasivo Sumo Sacerdote que debía aparecer pronto como su rey y libertador. La luz del santuario iluminaba lo pasado, lo presente y lo porvenir. Supieron que Dios les había guiado por su providencia infalible."

> "La intercesión de Cristo por el hombre en el santuario celestial es tan esencial para el plan de la salvación como lo fue su muerte en la cruz."

Evangelismo, p. 165
"La correcta comprensión del ministerio del santuario celestial es el fundamento de nuestra fe."

Consejos Sobre la Obra de la Escuela Sabática, p. 12
"La escuela sabática debe ser un lugar donde se busquen las joyas de la verdad, se las rescate de los errores que las rodean y se las coloque en su debida disposición y su verdadero orden en el marco del Evangelio. Preciosas joyas de verdad, perdidas de vista durante mucho tiempo, han de ser ahora devueltas a los hijos de Dios. Los temas de la justificación por la fe y la justicia de Cristo deberían ser presentados en nuestras escuelas, a fin de que los jóvenes y niños puedan comprender estos asuntos importantes, y los maestros y alumnos conozcan el camino de la salvación. Algunos principios sagrados y eternos relacionados con el plan de salvación han estado durante mucho tiempo perdidos de vista, pero deben ser devueltos a su debido lugar en el plan de salvación; deben hacerse aparecer en su luz celestial y debe conseguirse que penetren las tinieblas morales con que está cubierto el mundo."

Mateos 25:1-13
"Entonces el reino de los cielos será semejante a diez vírgenes que tomando sus lámparas, salieron a recibir al esposo. Cinco de ellas eran prudentes y cinco insensatas. Las insensatas, tomando sus lámparas, no tomaron consigo aceite; mas las prudentes tomaron aceite en sus vasijas, juntamente con sus lámparas. Y tardándose el esposo, cabecearon todas y se durmieron.

"Y a la medianoche se oyó un clamor: ¡Aquí viene el esposo; salid a recibirle! Entonces todas aquellas vírgenes se levantaron, y arreglaron sus lámparas. Y las insensatas dijeron a las prudentes: Dadnos de vuestro aceite; porque nuestras lámparas se apagan. Mas las prudentes respondieron diciendo: Para que no nos falte a nosotras y a vosotras, id más bien a los que venden, y comprad para vosotras mismas. Pero mientras ellas iban a comprar, vino el esposo; y las que estaban preparadas entraron con él a las bodas; y se cerró la puerta.

"Después vinieron también las otras vírgenes, diciendo: ¡Señor, señor, ábrenos! Mas él, respondiendo, dijo: De cierto os digo, que no os conozco. Velad, pues, porque no sabéis el día ni la hora en que el Hijo del Hombre ha de venir."

El Conflicto de los Siglos, p. 423
"Según la parábola, fueron las que tenían aceite en sus vasos con sus lámparas quienes entraron a las bodas. Los que, junto con el conocimiento de la verdad de las Escrituras, tenían el Espíritu y la gracia de Dios, y que en la noche de su amarga prueba habían

esperado con paciencia, escudriñando la Biblia en busca de más luz, fueron los que reconocieron la verdad referente al santuario en el cielo y al cambio de ministerio del Salvador, y por fe le siguieron en su obra en el santuario celestial. Y todos los que por el testimonio de las Escrituras aceptan las mismas verdades, siguiendo por fe a Cristo mientras se presenta ante Dios para efectuar la última obra de mediación y para recibir su reino a la conclusión de esta, todos esos están representados como si entraran en las bodas."

El Conflicto de los Siglos, p. 391

"La parábola de las diez vírgenes de Mateo 25, ilustra también lo que experimentaron los adventistas. En el capítulo 24 de Mateo, en contestación a la pregunta de sus discípulos respecto a la señal de su venida y del fin del mundo, Cristo había anunciado algunos de los acontecimientos más importantes de la historia del mundo y de la iglesia desde su primer advenimiento hasta su segundo; a saber, la destrucción de Jerusalén, la gran tribulación de la iglesia bajo las persecuciones paganas y papales, el oscurecimiento del sol y de la luna, y la caída de las estrellas. Después, habló de su venida en su reino, y refirió la parábola que describe las dos clases de siervos que esperarían su aparecimiento. El capítulo 25 empieza con las palabras: 'Entonces el reino de los cielos será semejante a diez vírgenes.' Aquí se presenta a la iglesia que vive en los últimos días la misma enseñanza de que se habla al fin del capítulo 24. Lo que ella experimenta se ilustra con las particularidades de un casamiento oriental.

"'Entonces el reino de los cielos será semejante a diez vírgenes, que tomaron sus lámparas y salieron a recibir al esposo. Y cinco de ellas eran insensatas, y cinco prudentes. Porque las insensatas, cuando tomaron sus lámparas, no tomaron aceite consigo: pero las prudentes tomaron aceite en sus vasijas, juntamente con sus lámparas. Tardándose, pues, el esposo, cabecearon todas, y se durmieron. Mas a la media noche fue oído el grito: ¡He aquí que viene el esposo! ¡Salid a recibirle!' (VM).

"Se comprendía que la venida de Cristo, anunciada por el mensaje del primer ángel, estaba representada por la venida del esposo. La extensa obra de reforma que produjo la proclamación de su próxima venida, correspondía a la salida de las vírgenes. Tanto en esta parábola como en la de Mateo 24, se representan dos clases de personas. Unas y otras habían tomado sus lámparas, la Biblia, y a su luz salieron a recibir al Esposo. Pero mientras que 'las insensatas, cuando tomaron sus lámparas, no tomaron aceite consigo.' 'las prudentes tomaron aceite en sus vasijas, juntamente con sus lámparas.' Estas últimas habían recibido la gracia de Dios, el poder regenerador e iluminador del Espíritu Santo, que convertía su Palabra en una antorcha para los pies y una luz en la senda. A fin de conocer la verdad, habían estudiado las Escrituras en el temor de Dios, y habían procurado con ardor que hubiese pureza en su corazón y su vida. Tenían experiencia personal, fe en Dios y en su Palabra, y esto no podían borrarlo el desengaño y la dilación. En cuanto a las otras vírgenes, 'cuando tomaron sus lámparas, no tomaron aceite consigo.' Habían obrado por impulso. Sus temores habían sido despertados por el solemne mensaje, pero se habían apoyado en la fe de sus hermanas, satisfechas con la luz vacilante de las buenas emociones, sin comprender a fondo la verdad y sin que la gracia hubiese obrado verdaderamente en sus corazones. Habían salido a recibir al Señor, llenas de esperanza en la perspectiva de una recompensa inmediata; pero no estaban preparadas para la tardanza ni para el contratiempo. Cuando vinieron las pruebas, su fe vaciló, y sus luces se debilitaron."

Evangelismo, p. 166
"Nuestra fe con referencia al mensaje del primero, el segundo y el tercer ángeles, era correcta. Los grandes hitos por los cuales hemos pasado son inconmovibles. Aun cuando las huestes del infierno intenten derribarlos de sus fundamentos, y triunfar en el pensamiento de que han tenido éxito, no alcanzarán su objetivo. Estos pilares de verdad permanecen tan incólumes como las montañas eternas, sin ser conmovidos por todos los esfuerzos de los hombres combinados con los de Satanás y su hueste. Podemos aprender mucho, y debemos estar constantemente escudriñando las Escrituras para ver si estas cosas son así. El pueblo de Dios ha de tener ahora sus ojos fijos en el santuario celestial, donde se está realizando el servicio final de nuestro gran Sumo Sacerdote en la obra del juicio: donde él está intercediendo por su pueblo."

Apocalipsis 14:12
"Aquí está la paciencia de los santos, los que guardan los mandamientos de Dios y la fe de Jesús."

El Conflicto de los Siglos, p. 580
"Se hará oposición y se ridiculizará a los que traten de obedecer a todos los mandamientos de Dios. Ellos no podrán subsistir sino en Dios. Para poder soportar la prueba que les espera deben comprender la voluntad de Dios tal cual está revelada en su Palabra, pues no pueden honrarle sino en la medida del conocimiento que tengan de su carácter, gobierno y propósitos divinos y en la medida en que obren conforme a las luces que les hayan sido concedidas. Solo los que hayan fortalecido su espíritu con las verdades de la Biblia podrán resistir en el último gran conflicto. Toda alma ha de pasar por la prueba decisiva: ¿Obedeceré a Dios antes que a los hombres? La hora crítica se acerca. ¿Hemos asentado los pies en la roca de la inmutable Palabra de Dios? ¿Estamos preparados para defender firmemente los mandamientos de Dios y la fe de Jesús? [Apocalipsis 14:12]."

Evangelismo, p. 166
"Como pueblo, debemos ser estudiantes fervorosos de la profecía; no debemos descansar hasta que entendamos claramente el tema del santuario, que ha sido presentado en las visiones de Daniel y de Juan. Este asunto arroja gran luz sobre nuestra posición y nuestra obra actual, y nos da una prueba irrefutable de que Dios nos ha dirigido en nuestra experiencia pasada. Explica nuestro chasco de 1844, mostrándonos que el santuario que había de ser purificado, no era la tierra, como habíamos supuesto, sino que Cristo entró entonces en el lugar santísimo del santuario celestial, y allí está realizando la obra final de su misión sacerdotal, en cumplimiento de las palabras del ángel comunicadas al profeta Daniel: 'Hasta dos mil y trescientos días de tarde y mañana; y el santuario será purificado.'"

El Conflicto de los Siglos, p. 412
"Muerto Cristo, terminó el ritual típico. El 'verdadero tabernáculo' en el cielo es el santuario del nuevo pacto. Y como la profecía de Daniel 8:14 se cumple en esta dispensación, el santuario al cual se refiere debe ser el santuario del nuevo pacto. Cuando terminaron los 2.300 días, en 1844, hacía muchos siglos que no había santuario en la tierra. De manera que la profecía: 'Hasta dos mil y trescientas tardes y mañanas; entonces será

purificado el santuario,' se refiere indudablemente al santuario que está en el cielo."

Evangelismo, p. 167

"Se acerca el tiempo en que las facultades engañosas de los agentes satánicos se desarrollarán plenamente. Por un lado está Cristo, a quien se le ha dado todo poder en el cielo y en la tierra. Por el otro lado está Satanás, ejerciendo continuamente su poder para seducir, para engañar con fuertes sofismas espiritistas, para quitar a Dios del lugar que debe ocupar en la mente de los hombres.

"Satanás está luchando continuamente para sugerir suposiciones fantásticas con respecto al santuario, degradando las maravillosas imágenes de Dios y el ministerio de Cristo por nuestra salvación, a fin de convertirlas en algo que cuadre con la mente carnal. Quita de los corazones de los creyentes el poder director de esas imágenes divinas y lo suple con teorías fantásticas inventadas para anular las verdades de la expiación, y para destruir nuestra confianza en las doctrinas que hemos considerado sagradas desde que fuera dado por primera vez el mensaje del tercer ángel. Así quisiera él despojarnos de nuestra fe en el mismo mensaje que nos ha convertido en un pueblo separado, y que ha dado carácter y poder a nuestra obra."

"Y él dijo: Hasta dos mil trescientas tardes y mañanas;
luego el santuario será purificado."
Daniel 8:14

"El pasaje bíblico que más que ninguno había sido el fundamento y el pilar central de la fe adventista era la declaración: 'Hasta dos mil y trescientas tardes y mañanas; entonces será purificado el santuario.'" Daniel 8:14 (VM).
El Conflicto de los Siglos, p. 412

Capítulo 3

El Fundamento y el Pilar Central—Daniel 8:14

Daniel 8:14
"Y él dijo: Hasta dos mil trescientas tardes y mañanas; luego el santuario será purificado."

***El Conflicto de los Siglos*, p. 405**
"El pasaje bíblico que más que ninguno había sido el fundamento y el pilar central de la fe adventista era la declaración: 'Hasta dos mil y trescientas tardes y mañanas; entonces será purificado el santuario.' Daniel 8:14."

Éxodo 25:8, 9, 40
"Y harán un santuario para mí, y habitaré en medio de ellos. Conforme a todo lo que yo te muestre, el diseño del tabernáculo, y el diseño de todos sus utensilios, así lo haréis.

"Mira y hazlos conforme al modelo que te ha sido mostrado en el monte."

Hechos 7:44
"Tuvieron nuestros padres el tabernáculo del testimonio en el desierto, como había ordenado Dios cuando dijo a Moisés que lo hiciese conforme al modelo que había visto."

Hebreos 6:17-20
"Por lo cual, queriendo Dios mostrar más abundantemente a los herederos de la promesa la inmutabilidad de su consejo, interpuso juramento; para que por dos cosas inmutables, en las cuales es imposible que Dios mienta, tengamos un fortísimo consuelo los que hemos acudido para asirnos de la esperanza puesta delante de nosotros.

"La cual tenemos como segura y firme ancla del alma, y que penetra hasta dentro del velo, donde Jesús entró por nosotros como precursor, hecho sumo sacerdote para siempre según el orden de Melquisedec."

***Patriarcas y Profetas*, p. 341**
"El pacto hecho con Abraham fue ratificado mediante la sangre de Cristo, y es llamado el 'segundo' pacto o 'nuevo' pacto, porque la sangre con la cual fue sellado se derramó después de la sangre del primer pacto. Es evidente que el nuevo pacto estaba en vigencia en los días de Abraham, puesto que entonces fue confirmado tanto por la promesa como por el juramento de Dios, 'dos cosas inmutables, en las cuales es imposible que Dios mienta.' Hebreos 6:18."

Hebreos 7:15-28
"Y esto es aun más manifiesto, si a semejanza de Melquisedec se levanta un sacerdote distinto, no constituido conforme a la ley del mandamiento acerca de la descendencia, sino según el poder de una vida indestructible. Pues se da testimonio de él: Tú eres sacerdote para siempre, según el orden de Melquisedec.

"Queda, pues, abrogado el mandamiento anterior a causa de su debilidad e ineficacia (pues nada perfeccionó la ley), y de la introducción de una mejor esperanza, por la cual nos acercamos a Dios.

"Y esto no fue hecho sin juramento; porque los otros ciertamente sin juramento fueron hechos sacerdotes; pero éste, con el juramento del que le dijo: Juró el Señor, y no se arrepentirá: Tú eres sacerdote para siempre, según el orden de Melquisedec. Por tanto, Jesús es hecho fiador de un mejor pacto.

"Y los otros sacerdotes llegaron a ser muchos, debido a que por la muerte no podían continuar; mas éste, por cuanto permanece para siempre, tiene un sacerdocio inmutable; por lo cual puede también salvar perpetuamente a los que por él se acercan a Dios, viviendo siempre para interceder por ellos.

"Porque tal sumo sacerdote nos convenía: santo, inocente, sin mancha, apartado de los pecadores, y hecho más sublime que los cielos; que no tiene necesidad cada día, como aquellos sumos sacerdotes, de ofrecer primero sacrificios por sus propios pecados, y luego por los del pueblo; porque esto lo hizo una vez para siempre, ofreciéndose a sí mismo. Porque la ley constituye sumos sacerdotes a débiles hombres; pero la palabra del juramento, posterior a la ley, al Hijo, hecho perfecto para siempre."

Hebreos 8:1-6

"Ahora bien, el punto principal de lo que venimos diciendo es que tenemos tal sumo sacerdote, el cual se sentó a la diestra del trono de la Majestad en los cielos, ministro del santuario, y de aquel verdadero tabernáculo que levantó el Señor, y no el hombre.

"Porque todo sumo sacerdote está constituido para presentar ofrendas y sacrificios; por lo cual es necesario que también éste tenga algo que ofrecer. Así que, si estuviese sobre la tierra, ni siquiera sería sacerdote, habiendo aún sacerdotes que presentan las ofrendas según la ley; los cuales sirven a lo que es figura y sombra de las cosas celestiales, como se le advirtió a Moisés cuando iba a erigir el tabernáculo, diciéndole: Mira, haz todas las cosas conforme al modelo que se te ha mostrado en el monte. Pero ahora tanto mejor ministerio es el suyo, cuanto es mediador de un mejor pacto, establecido sobre mejores promesas."

El Conflicto de los Siglos, p. 408

"'En verdad el primer pacto también tenía reglamentos del culto, y su santuario que lo era de este mundo.' El uso de la palabra 'también' implica que ... Pablo ha hecho antes mención de este santuario. Volviendo al principio del capítulo anterior, se lee: 'Lo principal, pues, entre las cosas que decimos es esto: Tenemos un tal sumo sacerdote que se ha sentado a la diestra del trono de la Majestad en los cielos; ministro del santuario, y del verdadero tabernáculo, que plantó el Señor, y no el hombre.' Hebreos 8:1, 2 (VM).

"Aquí tenemos revelado el santuario del nuevo pacto. El santuario del primer pacto fue asentado por el hombre, construido por Moisés; este segundo es asentado por el Señor, no por el hombre. En aquel santuario los sacerdotes terrenales desempeñaban el servicio; en este es Cristo, nuestro gran Sumo Sacerdote, quien ministra a la diestra de Dios. Uno de los santuarios estaba en la tierra, el otro está en el cielo."

Hebreos 9:1-5

"Ahora bien, aun el primer pacto tenía ordenanzas de culto y un santuario terrenal. Porque el tabernáculo estaba dispuesto así: en la primera parte, llamada el Lugar Santo, estaban el candelabro, la mesa y los panes de la proposición. Tras el segundo velo estaba la parte del tabernáculo llamada el Lugar Santísimo, el cual tenía un incensario de oro y el arca del pacto cubierta de oro por todas partes, en la que estaba una urna de oro que contenía el maná, la vara de Aarón que reverdeció, y las tablas del pacto; y sobre ella los querubines de gloria que cubrían el propiciatorio; de las cuales cosas no se puede ahora hablar en detalle."

El Conflicto de los Siglos, p. 407
"El santuario al cual se refiere aquí ... Pablo era el tabernáculo construido por Moisés a la orden de Dios como morada terrenal del Altísimo. 'Me harán un santuario, para que yo habite en medio de ellos' (Éxodo 25:8, VM)."

Hebreos 9:6-15
"Y así dispuestas estas cosas, en la primera parte del tabernáculo entran los sacerdotes continuamente para cumplir los oficios del culto; pero en la segunda parte, sólo el sumo sacerdote una vez al año, no sin sangre, la cual ofrece por sí mismo y por los pecados de ignorancia del pueblo; dando el Espíritu Santo a entender con esto que aún no se había manifestado el camino al Lugar Santísimo, entre tanto que la primera parte del tabernáculo estuviese en pie. Lo cual es símbolo para el tiempo presente, según el cual se presentan ofrendas y sacrificios que no pueden hacer perfecto, en cuanto a la conciencia, al que practica ese culto, ya que consiste sólo de comidas y bebidas, de diversas abluciones, y ordenanzas acerca de la carne, impuestas hasta el tiempo de reformar las cosas.

"Pero estando ya presente Cristo, sumo sacerdote de los bienes venideros, por el más amplio y más perfecto tabernáculo, no hecho de manos, es decir, no de esta creación, y no por sangre de machos cabríos ni de becerros, sino por su propia sangre, entró una vez para siempre en el Lugar Santísimo, habiendo obtenido eterna redención. Porque si la sangre de los toros y de los machos cabríos, y las cenizas de la becerra rociadas a los inmundos, santifican para la purificación de la carne, ¿cuánto más la sangre de Cristo, el cual mediante el Espíritu eterno se ofreció a sí mismo sin mancha a Dios, limpiará vuestras conciencias de obras muertas para que sirváis al Dios vivo? Así que, por eso es mediador de un nuevo pacto, para que interviniendo muerte para la remisión de las transgresiones que había bajo el primer pacto, los llamados reciban la promesa de la herencia eterna."

Hebreos 9:21-24
"Y además de esto, roció también con la sangre el tabernáculo y todos los vasos del ministerio. Y casi todo es purificado, según la ley, con sangre; y sin derramamiento de sangre no se hace remisión.

"Fue, pues, necesario que las figuras de las cosas celestiales fuesen purificadas así; pero las cosas celestiales mismas, con mejores sacrificios que estos. Porque no entró Cristo en el santuario hecho de mano, figura del verdadero, sino en el cielo mismo para presentarse ahora por nosotros ante Dios."

Patriarcas y Profetas, p. 370
"Como se ha dicho, el santuario terrenal fue construido por Moisés, conforme al modelo que se le mostró en el monte. 'Era figura de aquel tiempo presente, en el cual se ofrecían presentes y sacrificios.' Los dos lugares santos eran 'figuras de las cosas celestiales.' Cristo, nuestro gran Sumo Sacerdote, es el 'ministro del santuario, y de aquel verdadero tabernáculo que el Señor asentó, y no hombre.' Hebreos 9:9, 23; 8:2....

"Moisés hizo el santuario terrenal, 'según la forma que había visto.' Pablo declara que 'el tabernáculo y todos los vasos del ministerio,' después de haber sido hechos, eran símbolos de 'las cosas celestiales.' Hechos 7:44; Hebreos 9:21, 23. Y Juan dice que vio el santuario celestial. Aquel santuario, en el cual oficia Jesús en nuestro favor, es el gran original, del cual el santuario construido por Moisés era una copia."

El Conflicto de los Siglos, pp. 409, 412

"El Señor le ordenó: 'Conforme a todo lo que yo te mostrare, el diseño del tabernáculo, y el diseño de todos sus vasos, así lo haréis.' Y le mandó además: 'Mira, y hazlos conforme a su modelo, que te ha sido mostrado en el monte.' Éxodo 25:9, 40. Y ... Pablo dice que el primer tabernáculo 'era una parábola para aquel tiempo entonces presente; conforme a la cual se ofrecían dones y sacrificios'; que sus santos lugares eran 'representaciones de las cosas celestiales'; que los sacerdotes que presentaban las ofrendas según la ley, ministraban lo que era 'la mera representación y sombra de las cosas celestiales,' y que 'no entró Cristo en un lugar santo hecho de mano, que es una mera representación del verdadero, sino en el cielo mismo, para presentarse ahora delante de Dios por nosotros.' Hebreos 9:9, 23; 8:5; Hebreos 9:24 (VM)."

"En el noveno capítulo de la Epístola a los Hebreos, se menciona claramente la purificación de ambos santuarios, el terrenal y el celestial. 'Según la ley, casi todas las cosas son purificadas con sangre; y sin derramamiento de sangre no hay remisión. Fue pues necesario que las representaciones de las cosas celestiales fuesen purificadas con estos sacrificios, pero las mismas cosas celestiales, con mejores sacrificios que estos' (Hebreos 9:22, 23, VM), a saber, la preciosa sangre de Cristo."

Hebreos 9:25-28

"Y no para ofrecerse muchas veces, como entra el sumo sacerdote en el Lugar Santísimo cada año con sangre ajena. De otra manera le hubiera sido necesario padecer muchas veces desde el principio del mundo; pero ahora, en la consumación de los siglos, se presentó una vez para siempre por el sacrificio de sí mismo para quitar de en medio el pecado. Y de la manera que está establecido para los hombres que mueran una sola vez, y después de esto el juicio, así también Cristo fue ofrecido una sola vez para llevar los pecados de muchos; y aparecerá por segunda vez, sin relación con el pecado, para salvar a los que le esperan."

El Conflicto de los Siglos, p. 419

"El asunto del santuario fue la clave que aclaró el misterio del desengaño de 1844. Reveló todo un sistema de verdades, que formaban un conjunto armonioso y demostraban que la mano de Dios había dirigido el gran movimiento adventista, y al poner de manifiesto la situación y la obra de su pueblo le indicaba cuál era su deber de allí en adelante.... Entonces, en el lugar santísimo, contemplaron otra vez a su compasivo Sumo Sacerdote que debía aparecer pronto como su rey y libertador. La luz del santuario iluminaba lo pasado, lo presente y lo porvenir. Supieron que Dios les había guiado por su providencia infalible."

> "El asunto del santuario ... reveló todo un sistema de verdades, que formaban un conjunto armonioso."

El Conflicto de los Siglos, p. 479

"La intercesión de Cristo por el hombre en el santuario celestial es tan esencial para el plan de la salvación como lo fue su muerte en la cruz. Con su muerte dio principio a aquella obra para cuya conclusión ascendió al cielo después de su resurrección. Por la fe debemos entrar velo adentro, 'donde entró por nosotros como precursor Jesús.' Hebreos 6:20. Allí se refleja la luz de la cruz del Calvario; y allí podemos obtener una comprensión más clara de los misterios de la redención, La salvación del hombre se cumple a un precio infinito para el cielo; el sacrificio hecho corresponde a las más amplias exigencias de la ley de Dios quebrantada. Jesús abrió el camino que lleva al trono del Padre, y por su mediación pueden ser presentados ante Dios los deseos sinceros de todos los que a él se allegan con fe."

Daniel 8:9-14
"Y de uno de ellos salió un cuerno pequeño, que creció mucho al sur, y al oriente, y hacia la tierra gloriosa. Y se engrandeció hasta el ejército del cielo; y parte del ejército y de las estrellas echó por tierra, y las pisoteó. Aun se engrandeció contra el príncipe de los ejércitos, y por él fue quitado el continuo sacrificio, y el lugar de su santuario fue echado por tierra. Y a causa de la prevaricación le fue entregado el ejército junto con el continuo sacrificio; y echó por tierra la verdad, e hizo cuanto quiso, y prosperó.

"Entonces oí a un santo que hablaba; y otro de los santos preguntó a aquel que hablaba: ¿Hasta cuándo durará la visión del continuo sacrificio, y la prevaricación asoladora entregando el santuario y el ejército para ser pisoteados?

"Y él dijo: Hasta dos mil trescientas tardes y mañanas; luego el santuario será purificado."

> *"La luz del santuario iluminaba lo pasado, lo presente y lo porvenir. Supieron que Dios les había guiado por su providencia infalible."*

Primeros Escritos, pp. 74
"Entonces vi en relación con el 'continuo' (Daniel 8:12) que la palabra 'sacrificio' había sido provista por la sabiduría humana, y no pertenece al texto, y que el Señor dio el sentido correcto a los que proclamaron que había llegado la hora del juicio."

Daniel 8:14, Reina-Valera 1960
"Y él dijo: Hasta dos mil trescientas tardes y mañanas; luego el santuario será purificado."

Daniel 8:14, Reina-Valera Contemporánea
"Y aquél dijo: 'Hasta que hayan pasado dos mil trescientas tardes y mañanas. Después de eso, el santuario será purificado.'"

Daniel 8:14, Nueva Versión Internacional
"Y aquel santo me dijo: 'Va a tardar dos mil trescientos días con sus noches. Después de eso, se purificará el santuario.'"

Ezequiel 37:26-28
"Y haré con ellos pacto de paz, pacto perpetuo será con ellos; y los estableceré y los multiplicaré, y pondré mi santuario entre ellos para siempre. Estará en medio de ellos mi tabernáculo, y seré a ellos por Dios, y ellos me serán por pueblo. Y sabrán las naciones que yo Jehová santifico a Israel, estando mi santuario en medio de ellos para siempre."

Cristo Abre el Lugar Santo del Santuario Celestial

Juan 20:16, 17
"Jesús le dijo: ¡María! Volviéndose ella, le dijo: ¡Rabboni! (que quiere decir, Maestro). Jesús le dijo: No me toques, porque aún no he subido a mi Padre; mas ve a mis hermanos, y diles: Subo a mi Padre y a vuestro Padre, a mi Dios y a vuestro Dios."

Isaías 13:12
"Haré más precioso que el oro fino al varón, y más que el oro de Ofir al hombre."

El Deseado de Todas las Gentes, p. 734

"Pero ahora, con su propia voz familiar, Jesús le dijo: '¡María!' Entonces supo que no era un extraño el que se dirigía a ella y, volviéndose, vio delante de sí al Cristo vivo. En su gozo, se olvidó que había sido crucificado. Precipitándose hacia él, como para abrazar sus pies, dijo: '¡Rabboni!' Pero Cristo alzó la mano diciendo: No me detengas; 'porque aun no he subido a mi Padre: mas ve a mis hermanos, y diles: Subo a mi Padre y a vuestro Padre, a mi Dios y a vuestro Dios.' Y María se fue a los discípulos con el gozoso mensaje.

"Jesús se negó a recibir el homenaje de los suyos hasta tener la seguridad de que su sacrificio era aceptado por el Padre. Ascendió a los atrios celestiales, y de Dios mismo oyó la seguridad de que su expiación por los pecados de los hombres había sido amplia, de que por su sangre todos podían obtener vida eterna. El Padre ratificó el pacto hecho con Cristo, de que recibiría a los hombres arrepentidos y obedientes y los amaría como a su Hijo. Cristo había de completar su obra y cumplir su promesa de hacer "más precioso que el oro fino al varón, y más que el oro de Ophir al hombre." En cielo y tierra toda potestad era dada al Príncipe de la vida, y él volvía a sus seguidores en un mundo de pecado para darles su poder y gloria."

Los Hechos de los Apóstoles, p. 31

"La ascensión de Cristo al cielo fue la señal de que sus seguidores iban a recibir la bendición prometida. Habían de esperarla antes de empezar a hacer su obra. Cuando Cristo entró por los portales celestiales, fue entronizado en medio de la adoración de los ángeles. Tan pronto como esta ceremonia hubo terminado, el Espíritu Santo descendió sobre los discípulos en abundantes raudales, y Cristo fue de veras glorificado con la misma gloria que había tenido con el Padre, desde toda la eternidad. El derramamiento pentecostal era la comunicación del Cielo de que el Redentor había iniciado su ministerio celestial. De acuerdo con su promesa, había enviado el Espíritu Santo del cielo a sus seguidores como prueba de que, como sacerdote y rey, había recibido toda autoridad en el cielo y en la tierra, y era el Ungido sobre su pueblo."

Apocalipsis 4:1-11

"Después de esto miré, y he aquí una puerta abierta en el cielo; y la primera voz que oí, como de trompeta, hablando conmigo, dijo: Sube acá, y yo te mostraré las cosas que sucederán después de estas.

"Y al instante yo estaba en el Espíritu; y he aquí, un trono establecido en el cielo, y en el trono, uno sentado. Y el aspecto del que estaba sentado era semejante a piedra de jaspe y de cornalina; y había alrededor del trono un arco iris, semejante en aspecto a la esmeralda. Y alrededor del trono había veinticuatro tronos; y vi sentados en los tronos a veinticuatro ancianos, vestidos de ropas blancas, con coronas de oro en sus cabezas. Y del trono salían relámpagos y truenos y voces; y delante del trono ardían siete lámparas de fuego, las cuales son los siete espíritus de Dios.

"Y delante del trono había como un mar de vidrio semejante al cristal; y junto al trono, y alrededor del trono, cuatro seres vivientes llenos de ojos delante y detrás. El primer ser viviente era semejante a un león; el segundo era semejante a un becerro; el tercero tenía rostro como de hombre; y el cuarto era semejante a un águila volando. Y los cuatro seres vivientes tenían cada uno seis alas, y alrededor y por dentro estaban llenos de ojos; y no cesaban día y noche de decir: Santo, santo, santo es el Señor Dios Todopoderoso, el que era, el que es, y el que ha de venir.

"Y siempre que aquellos seres vivientes dan gloria y honra y acción de gracias al que está sentado en el trono, al que vive por los siglos de los siglos, los veinticuatro ancianos se postran delante del que está sentado en el trono, y adoran al que vive por los siglos de los siglos, y echan sus coronas delante del trono, diciendo: Señor, digno eres de recibir la gloria y la honra y el poder; porque tú creaste todas las cosas, y por tu voluntad existen y fueron creadas."

Apocalipsis 5:1-14
"Y vi en la mano derecha del que estaba sentado en el trono un libro escrito por dentro y por fuera, sellado con siete sellos. Y vi a un ángel fuerte que pregonaba a gran voz: ¿Quién es digno de abrir el libro y desatar sus sellos? Y ninguno, ni en el cielo ni en la tierra ni debajo de la tierra, podía abrir el libro, ni aun mirarlo.

"Y lloraba yo mucho, porque no se había hallado a ninguno digno de abrir el libro, ni de leerlo, ni de mirarlo. Y uno de los ancianos me dijo: No llores. He aquí que el León de la tribu de Judá, la raíz de David, ha vencido para abrir el libro y desatar sus siete sellos.

"Y miré, y vi que en medio del trono y de los cuatro seres vivientes, y en medio de los ancianos, estaba en pie un Cordero como inmolado, que tenía siete cuernos, y siete ojos, los cuales son los siete espíritus de Dios enviados por toda la tierra. Y vino, y tomó el libro de la mano derecha del que estaba sentado en el trono.

"Y cuando hubo tomado el libro, los cuatro seres vivientes y los veinticuatro ancianos se postraron delante del Cordero; todos tenían arpas, y copas de oro llenas de incienso, que son las oraciones de los santos; y cantaban un nuevo cántico, diciendo: Digno eres de tomar el libro y de abrir sus sellos; porque tú fuiste inmolado, y con tu sangre nos has redimido para Dios, de todo linaje y lengua y pueblo y nación; y nos has hecho para nuestro Dios reyes y sacerdotes, y reinaremos sobre la tierra.

"Y miré, y oí la voz de muchos ángeles alrededor del trono, y de los seres vivientes, y de los ancianos; y su número era millones de millones, que decían a gran voz: El Cordero que fue inmolado es digno de tomar el poder, las riquezas, la sabiduría, la fortaleza, la honra, la gloria y la alabanza.

"Y a todo lo creado que está en el cielo, y sobre la tierra, y debajo de la tierra, y en el mar, y a todas las cosas que en ellos hay, oí decir: Al que está sentado en el trono, y al Cordero, sea la alabanza, la honra, la gloria y el poder, por los siglos de los siglos.

"Los cuatro seres vivientes decían: Amén; y los veinticuatro ancianos se postraron sobre sus rostros y adoraron al que vive por los siglos de los siglos."

Apocalipsis 1:12-16
"Y me volví para ver la voz que hablaba conmigo; y vuelto, vi siete candeleros de oro, y en medio de los siete candeleros, a uno semejante al Hijo del Hombre, vestido de una ropa que llegaba hasta los pies, y ceñido por el pecho con un cinto de oro. Su cabeza y sus cabellos eran blancos como blanca lana, como nieve; sus ojos como llama de fuego; y sus pies semejantes al bronce bruñido, refulgente como en un horno; y su voz como estruendo de muchas aguas. Tenía en su diestra siete estrellas; de su boca salía una espada aguda de dos filos; y su rostro era como el sol cuando resplandece en su fuerza."

Mateo 28:20
"Enseñándoles que guarden todas las cosas que os he mandado; y he aquí yo estoy con vosotros todos los días, hasta el fin del mundo. Amén."

El Deseado de Todas las Gentes, p. 770

"Al llegar al monte de las Olivas, Jesús condujo al grupo a través de la cumbre, hasta llegar cerca de Betania. Allí se detuvo y los discípulos le rodearon. Rayos de luz parecían irradiar de su semblante mientras los miraba con amor. No los reprendió por sus faltas y fracasos; las últimas palabras que oyeron de los labios del Señor fueron palabras de la más profunda ternura. Con las manos extendidas para bendecirlos, como si quisiera asegurarles su cuidado protector, ascendió lentamente de entre ellos, atraído hacia el cielo por un poder más fuerte que cualquier atracción terrenal. Y mientras él subía, los discípulos, llenos de reverente asombro y esforzando la vista, miraban para alcanzar la última vislumbre de su Salvador que ascendía. Una nube de gloria le ocultó de su vista; y llegaron hasta ellos las palabras: 'He aquí, yo estoy con vosotros todos los días, hasta el fin del mundo,' mientras la nube formada por un carro de ángeles le recibía. Al mismo tiempo, flotaban hasta ellos los más dulces y gozosos acordes del coro celestial."

El Deseado de Todas las Gentes, p. 771

"Cristo había ascendido al cielo en forma humana. Los discípulos habían contemplado la nube que le recibió. El mismo Jesús que había andado, hablado y orado con ellos; que había quebrado el pan con ellos; que había estado con ellos en sus barcos sobre el lago; y que ese mismo día había subido con ellos hasta la cumbre del monte de las Olivas, el mismo Jesús había ido a participar del trono de su Padre."

El Deseado de Todas las Gentes, p. 772

"Todo el cielo estaba esperando para dar la bienvenida al Salvador a los atrios celestiales. Mientras ascendía, iba adelante, y la multitud de cautivos libertados en ocasión de su resurrección le seguía. La hueste celestial, con aclamaciones de alabanza y canto celestial, acompañaba al gozoso séquito."

Juan 19:30

"Cuando Jesús hubo tomado el vinagre, dijo: Consumado es. Y habiendo inclinado la cabeza, entregó el espíritu."

Juan 17:24

"Padre, aquellos que me has dado, quiero que donde yo estoy, también ellos estén conmigo, para que vean mi gloria que me has dado; porque me has amado desde antes de la Fundamento del mundo."

Efesios 1:6

"Para alabanza de la gloria de su gracia, con la cual nos hizo aceptos en el Amado."

Salmo 85:10

"La misericordia y la verdad se encontraron; la justicia y la paz se besaron."

Hebreos 1:6

"Y otra vez, cuando introduce al Primogénito en el mundo, dice: Adórenle todos los ángeles de Dios."

Apocalipsis 5:12, 13

"Que decían a gran voz: El Cordero que fue inmolado es digno de tomar el poder, las riquezas, la sabiduría, la fortaleza, la honra, la gloria y la alabanza. Y a todo lo creado que está en el cielo, y sobre la tierra, y debajo de la tierra, y en el mar, y a todas las cosas que en ellos hay, oí decir: Al que está sentado en el trono, y al Cordero, sea la alabanza, la honra, la gloria y el poder, por los siglos de los siglos."

***El Deseado de Todas las Gentes*, pp. 773, 774**

"Entonces los portales de la ciudad de Dios se abren de par en par, y la muchedumbre angélica entra por ellos en medio de una explosión de armonía triunfante.

"Allí está el trono, y en derredor el arco iris de la promesa. Allí están los querubines y los serafines. Los comandantes de las huestes angélicas, los hijos de Dios, los representantes de los mundos que nunca cayeron, están congregados. El concilio celestial delante del cual Lucifer había acusado a Dios y a su Hijo, los representantes de aquellos reinos sin pecado, sobre los cuales Satanás pensaba establecer su dominio, todos están allí para dar la bienvenida al Redentor. Sienten impaciencia por celebrar su triunfo y glorificar a su Rey.

"Pero con un ademán, él los detiene. Todavía no; no puede ahora recibir la corona de gloria y el manto real. Entra a la presencia de su Padre. Señala su cabeza herida, su costado traspasado, sus pies lacerados; alza sus manos que llevan la señal de los clavos. Presenta los trofeos de su triunfo; ofrece a Dios la gavilla de las primicias, aquellos que resucitaron con él como representantes de la gran multitud que saldrá de la tumba en ocasión de su segunda venida. Se acerca al Padre, ante quien hay regocijo por un solo pecador que se arrepiente. Desde antes que fueran echados los cimientos de la tierra, el Padre y el Hijo se habían unido en un pacto para redimir al hombre en caso de que fuese vencido por Satanás. Habían unido sus manos en un solemne compromiso de que Cristo sería fiador de la especie humana. Cristo había cumplido este compromiso. Cuando sobre la cruz exclamó: 'Consumado es,' se dirigió al Padre. El pacto había sido llevado plenamente a cabo. Ahora declara: Padre, consumado es. He hecho tu voluntad, oh Dios mío. He completado la obra de la redención. Si tu justicia está satisfecha, 'aquellos que me has dado, quiero que donde yo estoy, ellos estén también conmigo.'

"Se oye entonces la voz de Dios proclamando que la justicia está satisfecha. Satanás está vencido. Los hijos de Cristo, que trabajan y luchan en la tierra, son 'aceptos en el Amado.' Delante de los ángeles celestiales y los representantes de los mundos que no cayeron, son declarados justificados. Donde él esté, allí estará su iglesia. 'La misericordia y la verdad se encontraron: la justicia y la paz se besaron. Los brazos del Padre rodean a su Hijo, y se da la orden: 'Adórenlo todos los ángeles de Dios.'

"Con gozo inefable, los principados y las potestades reconocen la supremacía del Príncipe de la vida. La hueste angélica se postra delante de él, mientras que el alegre clamor llena todos los atrios del cielo: '¡Digno es el Cordero que ha sido inmolado, de recibir el poder, y la riqueza, y la sabiduría, y la fortaleza, y la honra, y la gloria, y la bendición!'

"Los cantos de triunfo se mezclan con la música de las arpas angelicales, hasta que el cielo parece rebosar de gozo y alabanza. El amor ha vencido. Lo que estaba perdido se ha hallado. El cielo repercute con voces que en armoniosos acentos proclaman: '¡Bendición, y honra y gloria y dominio al que está sentado sobre el trono, y al Cordero, por los siglos de los siglos!'"

Cristo Abre el Lugar Santísimo del Santuario Celestial

Apocalipsis 3:7, 8

"Escribe al ángel de la iglesia en Filadelfia: Esto dice el Santo, el Verdadero, el que tiene la llave de David, el que abre y ninguno cierra, y cierra y ninguno abre: Yo conozco tus obras; he aquí, he puesto delante de ti una puerta abierta, la cual nadie puede cerrar; porque aunque tienes poca fuerza, has guardado mi palabra, y no has negado mi nombre."

El Conflicto de los Siglos, p. 425

"[Los Adventistas] vieron entonces que tenían razón al creer que el fin de los 2.300 días, en 1844, había marcado una crisis importante. Pero si bien era cierto que se había cerrado la puerta de esperanza y de gracia por la cual los hombres habían encontrado durante mil ochocientos años acceso a Dios, otra puerta se les abría, y el perdón de los pecados era ofrecido a los hombres por la intercesión de Cristo en el lugar santísimo. Una parte de su obra había terminado tan solo para dar lugar a otra. Había aún una 'puerta abierta' para entrar en el santuario celestial donde Cristo oficiaba en favor del pecador.

"Entonces comprendieron la aplicación de las palabras que Cristo dirigió en el Apocalipsis a la iglesia correspondiente al tiempo en que ellos mismos vivían: 'Estas cosas dice el que es santo, el que es veraz, el que tiene la llave de David, el que abre, y ninguno cierra, y cierra, y ninguno abre: Yo conozco tus obras: he aquí he puesto delante de ti una puerta abierta, la cual nadie podrá cerrar.' Apocalipsis 3:7, 8 (VM)."

Apocalipsis 11:15-19

"El séptimo ángel tocó la trompeta, y hubo grandes voces en el cielo, que decían: Los reinos del mundo han venido a ser de nuestro Señor y de su Cristo; y él reinará por los siglos de los siglos. Y los veinticuatro ancianos que estaban sentados delante de Dios en sus tronos, se postraron sobre sus rostros, y adoraron a Dios, diciendo:

"Te damos gracias, Señor Dios Todopoderoso, él que eres y que eras y que has de venir, porque has tomado tu gran poder, y has reinado. Y se airaron las naciones, y tu ira ha venido, y el tiempo de juzgar a los muertos, y de dar el galardón a tus siervos los profetas, a los santos, y a los que temen tu nombre, a los pequeños y a los grandes, y de destruir a los que destruyen la tierra.

"Y el templo de Dios fue abierto en el cielo, y el arca de su pacto se veía en el templo. Y hubo relámpagos, voces, truenos, un terremoto y grande granizo."

El Conflicto de los Siglos, p. 429

"'Fue abierto el templo de Dios en el cielo, y fue vista en su templo el arca de su pacto.' Apocalipsis 11:19 (VM). El arca del pacto de Dios está en el lugar santísimo, en el segundo departamento del santuario. En el servicio del tabernáculo terrenal, que servía 'de mera representación y sombra de las cosas celestiales,' este departamento solo se abría en el gran día de las expiaciones para la purificación del santuario. Por consiguiente, la proclamación de que el templo de Dios fue abierto en el cielo y fue vista el arca de su pacto, indica que el lugar santísimo del santuario celestial fue abierto en 1844, cuando Cristo entró en él para consumar la obra final de la expiación. Los que por fe siguieron a su gran Sumo Sacerdote cuando dio principio a su ministerio en el lugar santísimo, contemplaron el arca de su pacto. Habiendo estudiado el asunto del santuario, llegaron a entender el cambio que se había realizado en el ministerio del Salvador, y vieron que este estaba entonces oficiando como intercesor ante el arca de Dios, y ofrecía su sangre en favor de los pecadores."

Daniel 7:9, 10, 13, 14

"Estuve mirando hasta que fueron puestos tronos, y se sentó un Anciano de días, cuyo vestido era blanco como la nieve, y el pelo de su cabeza como lana limpia; su trono llama de fuego, y las ruedas del mismo, fuego ardiente. Un río de fuego procedía y salía de delante de él; millares de millares le servían, y millones de millones asistían delante de él; el Juez se sentó, y los libros fueron abiertos."

"Miraba yo en la visión de la noche, y he aquí con las nubes del cielo venía uno como un hijo de hombre, que vino hasta el Anciano de días, y le hicieron acercarse delante de él. Y le fue dado dominio, gloria y reino, para que todos los pueblos, naciones y lenguas le sirvieran; su dominio es dominio eterno, que nunca pasará, y su reino uno que no será destruido."

Mateo 16:27
"Porque el Hijo del Hombre vendrá en la gloria de su Padre con sus ángeles, y entonces pagará a cada uno conforme a sus obras."

El Conflicto de los Siglos, **p. 417**
"'Estuve mirando'—dice el profeta Daniel—'hasta que fueron puestas sillas: y un Anciano de grande edad se sentó, cuyo vestido era blanco como la nieve, y el pelo de su cabeza como lana limpia; su silla llama de fuego, sus ruedas fuego ardiente. Un río de fuego procedía y salía de delante de él: millares de millares le servían, y millones de millones asistían delante de él: el Juez se sentó y los libros se abrieron.' Daniel 7:9, 10.

"Así se presentó a la visión del profeta el día grande y solemne en que los caracteres y vidas de los hombres habrán de ser revistados ante el Juez de toda la tierra, y en que a todos los hombres se les dará 'conforme a sus obras.' El Anciano de días es Dios, el Padre."

El Conflicto de los Siglos, **p. 472**
"'Y vi que con las nubes del cielo venía uno como un hijo de hombre, vino hasta el Anciano de días, y lo hicieron acercarse delante de él. Y le fue dado dominio, gloria, y reino; para que todos los pueblos, naciones y lenguas lo sirvieran; su dominio es domino eterno, que nunca pasará; y su reino es uno que nunca será destruido.' Daniel 7:13, 14 (RV95). La venida de Cristo descrita aquí no es su segunda venida a la tierra. Él viene hacia el Anciano de días en el cielo para recibir el dominio y la gloria, y un reino, que le será dado a la conclusión de su obra de mediador. Es esta venida, y no su segundo advenimiento a la tierra, la que la profecía predijo que había de realizarse al fin de los 2.300 días, en 1844."

Apocalipsis 10:1, 2, 7
"Vi descender del cielo a otro ángel fuerte, envuelto en una nube, con el arco iris sobre su cabeza; y su rostro era como el sol, y sus pies como columnas de fuego. Tenía en su mano un librito abierto; y puso su pie derecho sobre el mar, y el izquierdo sobre la tierra."

"Sino que en los días de la voz del séptimo ángel, cuando él comience a tocar la trompeta, el misterio de Dios se consumará, como él lo anunció a sus siervos los profetas."

Manuscript Releases, **vol. 1, p. 99**
"El poderoso ángel que instruía a Juan fue nada menos un personaje que el mismo Jesucristo. Colocando el pie derecho sobre el mar, y el izquierdo sobre la tierra seca, demuestra el papel que juega en las escenas finales del gran conflicto con Satanás. Esta posición indica su poder y autoridad supremos sobre la tierra entera."

Malaquías 3:1-3
"He aquí, yo envío mi mensajero, el cual preparará el camino delante de mí; y vendrá súbitamente a su templo el Señor a quien vosotros buscáis, y el ángel del pacto, a quien deseáis vosotros. He aquí viene, ha dicho

Jehová de los ejércitos. ¿Y quién podrá soportar el tiempo de su venida? ¿o quién podrá estar en pie cuando él se manifieste? Porque él es como fuego purificador, y como jabón de lavadores. Y se sentará para afinar y limpiar la plata; porque limpiará a los hijos de Leví, los afinará como a oro y como a plata, y traerán a Jehová ofrenda en justicia."

El Conflicto de los Siglos, p. 421
"El profeta dice: '¿Pero quién es capaz de soportar el día de su advenimiento? ¿Y quién podrá estar en pie cuando él apareciere? porque será como el fuego del acrisolador, y como el jabón de los bataneros; pues que se sentará como acrisolador y purificador de la plata; y purificará a los hijos de Leví, y los afinará como el oro y la plata, para que presenten a Jehová ofrenda en justicia.' Malaquías 3:2, 3 (VM). Los que vivan en la tierra cuando cese la intercesión de Cristo en el santuario celestial deberán estar en pie en la presencia del Dios santo sin mediador. Sus vestiduras deberán estar sin mácula; sus caracteres, purificados de todo pecado por la sangre de la aspersión. Por la gracia de Dios y sus propios y diligentes esfuerzos deberán ser vencedores en la lucha con el mal. Mientras se prosigue el juicio investigador en el cielo, mientras que los pecados de los creyentes arrepentidos son quitados del santuario, debe llevarse a cabo una obra especial de purificación, de liberación del pecado, entre el pueblo de Dios en la tierra. Esta obra está presentada con mayor claridad en los mensajes del capítulo 14 del Apocalipsis."

Apocalipsis 14:6, 7
"Vi volar por en medio del cielo a otro ángel, que tenía el evangelio eterno para predicarlo a los moradores de la tierra, a toda nación, tribu, lengua y pueblo, diciendo a gran voz: Temed a Dios, y dadle gloria, porque la hora de su juicio ha llegado; y adorad a aquel que hizo el cielo y la tierra, el mar y las fuentes de las aguas."

El Conflicto de los Siglos, p. 355
"En la profecía del primer mensaje angélico, en el capítulo 14 del Apocalipsis, se predice un gran despertamiento religioso bajo la influencia de la proclamación de la próxima venida de Cristo. Se ve un 'ángel volando en medio del cielo, teniendo un evangelio eterno que anunciar a los que habitan sobre la tierra, y a cada nación, y tribu, y lengua, y pueblo.' 'A gran voz' proclama el mensaje: '¡Temed a Dios y dadle gloria; porque ha llegado la hora de su juicio; y adorad al que hizo el cielo y la tierra, y el mar y las fuentes de agua!' Apocalipsis 14:6, 7 (VM)."

El Conflicto de los Siglos, p. 356
"El mismo mensaje revela el tiempo en que este movimiento debe realizarse. Se dice que forma parte del 'evangelio eterno'; y que anuncia el principio del juicio. El mensaje de salvación ha sido predicado en todos los siglos; pero este mensaje es parte del evangelio que solo podía ser proclamado en los últimos días, pues solo entonces podía ser verdad que la hora del juicio *había llegado*."

El Conflicto de los Siglos, p. 420
"Tanto la profecía de Daniel 8:14: 'Hasta dos mil y trescientas tardes y mañanas; entonces será purificado el santuario,' como el mensaje del primer ángel: '¡Temed a Dios y dadle gloria; porque ha llegado la hora de su juicio!' señalaban al ministerio de Cristo en el lugar santísimo, al juicio investigador."

Mateo 25:1-13

"Entonces el reino de los cielos será semejante a diez vírgenes que tomando sus lámparas, salieron a recibir al esposo. Cinco de ellas eran prudentes y cinco insensatas. Las insensatas, tomando sus lámparas, no tomaron consigo aceite; mas las prudentes tomaron aceite en sus vasijas, juntamente con sus lámparas. Y tardándose el esposo, cabecearon todas y se durmieron.

"Y a la medianoche se oyó un clamor: ¡Aquí viene el esposo; salid a recibirle! Entonces todas aquellas vírgenes se levantaron, y arreglaron sus lámparas. Y las insensatas dijeron a las prudentes: Dadnos de vuestro aceite; porque nuestras lámparas se apagan. Mas las prudentes respondieron diciendo: Para que no nos falte a nosotras y a vosotras, id más bien a los que venden, y comprad para vosotras mismas. Pero mientras ellas iban a comprar, vino el esposo; y las que estaban preparadas entraron con él a las bodas; y se cerró la puerta.

"Después vinieron también las otras vírgenes, diciendo: ¡Señor, señor, ábrenos! Mas él, respondiendo, dijo: De cierto os digo, que no os conozco.

"Velad, pues, porque no sabéis el día ni la hora en que el Hijo del Hombre ha de venir."

Apocalipsis 21:9, 10

"Vino entonces a mí uno de los siete ángeles que tenían las siete copas llenas de las siete plagas postreras, y habló conmigo, diciendo: Ven acá, yo te mostraré la desposada, la esposa del Cordero. Y me llevó en el Espíritu a un monte grande y alto, y me mostró la gran ciudad santa de Jerusalén, que descendía del cielo, de Dios."

El Conflicto de los Siglos, p. 422

"La venida del Esposo, presentada aquí, se verifica antes de la boda. La boda representa el acto de ser investido Cristo de la dignidad de Rey. La ciudad santa, la nueva Jerusalén, que es la capital del reino y lo representa, se llama 'la novia, la esposa del Cordero.' El ángel dijo a San Juan: 'Ven acá; te mostraré la novia, la esposa del cordero.' 'Me llevó en el Espíritu' agrega el profeta, 'y me mostró la santa ciudad de Jerusalén, descendiendo del cielo, desde Dios.' Apocalipsis 21:9, 10 (VM)."

El Conflicto de los Siglos, p. 423, 424

"Según la parábola, fueron las que tenían aceite en sus vasos con sus lámparas quienes entraron a las bodas. Los que, junto con el conocimiento de la verdad de las Escrituras, tenían el Espíritu y la gracia de Dios, y que en la noche de su amarga prueba habían esperado con paciencia, escudriñando la Biblia en busca de más luz, fueron los que reconocieron la verdad referente al santuario en el cielo y al cambio de ministerio del Salvador, y por fe le siguieron en su obra en el santuario celestial. Y todos los que por el testimonio de las Escrituras aceptan las mismas verdades, siguiendo por fe a Cristo mientras se presenta ante Dios para efectuar la última obra de mediación y para recibir su reino a la conclusión de esta, todos esos están representados como si entraran en las bodas....

"Cuando haya terminado este examen, cuando se haya [examinado los casos] respecto de los que en todos los siglos han profesado ser discípulos de Cristo, entonces y no antes habrá terminado el tiempo de gracia, y será cerrada la puerta de misericordia. Así que las palabras: 'Las que estaban preparadas entraron con él a las bodas, y fue cerrada la puerta,' nos conducen a través del ministerio final del Salvador, hasta el momento en que quedará terminada la gran obra de la salvación del hombre."

Mateo 22:1-14

"Respondiendo Jesús, les volvió a hablar en parábolas, diciendo: El reino de los cielos es semejante a un rey que hizo fiesta de bodas a su hijo; y envió a sus siervos a llamar a los convidados a las bodas; mas éstos no quisieron venir. Volvió a enviar otros siervos, diciendo: Decid a los convidados: He aquí, he preparado mi comida; mis toros y animales engordados han sido muertos, y todo está dispuesto; venid a las bodas. Mas ellos, sin hacer caso, se fueron, uno a su labranza, y otro a sus negocios; y otros, tomando a los siervos, los afrentaron y los mataron. Al oírlo el rey, se enojó; y enviando sus ejércitos, destruyó a aquellos homicidas, y quemó su ciudad. Entonces dijo a sus siervos: Las bodas a la verdad están preparadas; mas los que fueron convidados no eran dignos. Id, pues, a las salidas de los caminos, y llamad a las bodas a cuantos halléis. Y saliendo los siervos por los caminos, juntaron a todos los que hallaron, juntamente malos y buenos; y las bodas fueron llenas de convidados.

"Y entró el rey para ver a los convidados, y vio allí a un hombre que no estaba vestido de boda. Y le dijo: Amigo, ¿cómo entraste aquí, sin estar vestido de boda? Mas él enmudeció. Entonces el rey dijo a los que servían: Atadle de pies y manos, y echadle en las tinieblas de afuera; allí será el lloro y el crujir de dientes.

"Porque muchos son llamados, y pocos escogidos."

Apocalipsis 7:14

"Yo le dije: Señor, tú lo sabes. Y él me dijo: Estos son los que han salido de la gran tribulación, y han lavado sus ropas, y las han emblanquecido en la sangre del Cordero."

El Conflicto de los Siglos, p. 423

"En la parábola del capítulo 22 de San Mateo, se emplea la misma figura de las bodas y se ve a las claras que el juicio investigador se realiza antes de las bodas. Antes de verificarse estas entra el Rey para ver a los huéspedes, y cerciorarse de que todos llevan las vestiduras de boda, el manto inmaculado del carácter, lavado y emblanquecido en la sangre del Cordero. Mateo 22:11; Apocalipsis 7:14. Al que se le encuentra sin traje conveniente, se le expulsa, pero todos los que al ser examinados resultan tener las vestiduras de bodas, son aceptados por Dios y juzgados dignos de participar en su reino y de sentarse en su trono. Esta tarea de examinar los caracteres y de determinar los que están preparados para el reino de Dios es la del juicio investigador, la obra final que se lleva a cabo en el santuario celestial."

Apocalipsis 14:15

"Y del templo salió otro ángel, clamando a gran voz al que estaba sentado sobre la nube: Mete tu hoz, y siega; porque la hora de segar ha llegado, pues la mies de la tierra está madura."

El Conflicto de los Siglos, p. 311, 312

"Una gran obra de reforma debía realizarse para preparar a un pueblo que pudiese subsistir en el día de Dios. El Señor vio que muchos de los que profesaban pertenecer a su pueblo no edificaban para la eternidad, y en su misericordia iba a enviar una amonestación para despertarlos de su estupor e inducirlos a prepararse para la venida de su Señor.

"Esta amonestación nos es presentada en el capítulo catorce del Apocalipsis. En él encontramos un triple mensaje proclamado por seres celestiales y seguido inmediatamente por la venida del Hijo del hombre para segar 'la mies de la tierra.' La primera de estas amonestaciones anuncia la llegada del juicio. El profeta vio un ángel 'volando en medio del cielo, teniendo un evangelio eterno que anunciar a los que habitan sobre la tierra, y a cada nación, y tribu, y lengua, y pueblo; y dice a gran voz: ¡Temed a Dios y dadle gloria; porque ha llegado la hora de su juicio; y adorad al que hizo el cielo y la tierra, y el mar y las fuentes de agua!' Apocalipsis 14:6, 7 (VM).

"Este mensaje es declarado parte del 'evangelio eterno'."

Un Paralelo

Primeros Escritos, p. 259, 260

"Se me recordó la proclamación del primer advenimiento de Cristo. Juan fue enviado en el espíritu y el poder de Elías a fin de que preparase el camino para Jesús. Los que rechazaron el testimonio de Juan no recibieron beneficio de las enseñanzas de Jesús. Su oposición al mensaje que había predicho la venida de él los colocó donde no les era fácil recibir las evidencias más categóricas de que era el Mesías. Satanás indujo a aquellos que habían rechazado el mensaje de Juan a que fuesen aun más lejos, a saber, que rechazasen y crucificasen a Cristo. Al obrar así, se situaron donde no pudieron recibir la bendición de Pentecostés, que les habría enseñado el camino al santuario celestial. El desgarramiento del velo en el templo demostró que los sacrificios y los ritos judaicos no serían ya recibidos. El gran sacrificio había sido ofrecido y aceptado, y el Espíritu Santo que descendió en el día de Pentecostés dirigió la atención de los discípulos desde el santuario terrenal al celestial, donde Jesús había entrado con su propia sangre, para derramar sobre sus discípulos los beneficios de su expiación. Pero los judíos fueron dejados en tinieblas totales. Perdieron toda la luz que pudieran haber tenido acerca del plan de salvación, y siguieron confiando en sus sacrificios y ofrendas inútiles. El santuario celestial había reemplazado al terrenal, pero ellos no tenían noción del cambio. Por lo tanto no podían recibir beneficios de la mediación de Cristo en el lugar santo.

"Muchos miran con horror la conducta seguida por los judíos al rechazar a Cristo y crucificarle; y cuando leen la historia del trato vergonzoso que recibió, piensan que le aman, y que no le habrían negado como lo negó Pedro, ni le habrían crucificado como lo hicieron los judíos. Pero Dios, quien lee en el corazón de todos, probó aquel amor hacia Jesús que ellos profesaban tener. Todo el cielo observó con el más profundo interés la recepción otorgada al mensaje del primer ángel. Pero muchos que profesaban amar a Jesús, y que derramaban lágrimas al leer la historia de la cruz, se burlaron de las buenas nuevas de su venida. En vez de recibir el mensaje con alegría, declararon que era un engaño. Aborrecieron a aquellos que amaban su aparición y los expulsaron de las iglesias."

Daniel 8:14, La Biblia de las Américas

"Y le respondió: Por dos mil trescientas tardes y mañanas; entonces el lugar santo será restaurado."

"La ley de Jehová es perfecta, que convierte el alma; ... Tu siervo es además amonestado con ellos; en guardarlos hay grande galardón."
Salmo 19:7, 11

"La ley de Dios que se encuentra en el santuario celestial es el gran original.... Como la ley de Dios es una revelación de su voluntad, una expresión de su carácter, debe permanecer para siempre."
El Conflicto de los Siglos, p. 430.

Capítulo 4

La Ley de Dios—Los Diez Mandamientos

Éxodo 20:1, 2 (Prólogo)
"Y habló Dios todas estas palabras, diciendo: Yo soy Jehová tu Dios, que te saqué de la tierra de Egipto, de casa de servidumbre."

Lucas 10:27
"Aquél, respondiendo, dijo: Amarás al Señor tu Dios con todo tu corazón, y con toda tu alma, y con todas tus fuerzas, y con toda tu mente; y a tu prójimo como a ti mismo."

***Patriarcas y Profetas*, p. 312**
"Jehová se reveló, no sólo en su tremenda majestad como juez y legislador, sino también como compasivo guardián de su pueblo: 'Yo soy Jehová tu Dios, que te saqué de la tierra de Egipto, de casa de siervos.' Aquel a quien ya conocían como su guía y libertador, quien los había sacado de Egipto, abriéndoles un camino en la mar, derrotando a Faraón y a sus huestes, quien había demostrado que estaba por sobre los dioses de Egipto, era el que ahora proclamaba su ley.

"La ley no se proclamó en esa ocasión para beneficio exclusivo de los hebreos. Dios los honró haciéndolos guardianes y custodios de su ley; pero habían de tenerla como un santo legado para todo el mundo. Los preceptos del Decálogo se adaptan a toda la humanidad, y se dieron para la instrucción y el gobierno de todos. Son diez preceptos, breves, abarcantes, y autorizados, que incluyen los deberes del hombre hacia Dios y hacia sus semejantes; y todos se basan en el gran principio fundamental del amor. 'Amarás al Señor tu Dios de todo tu corazón, y de toda tu alma, y de todas tus fuerzas, y de todo tu entendimiento; y a tu prójimo como a ti mismo.' Lucas 10:27; véase también Deuteronomio 6:4, 5; Levítico 19:18. En los diez mandamientos estos principios se expresan en detalle, y se presentan en forma aplicable a la condición y circunstancias del hombre."

"Los preceptos del Decálogo se adaptan a toda la humanidad, y se dieron para la instrucción y el gobierno de todos."

La Ley de Dios—Los Diez Mandamientos

Éxodo 20:3
"No tendrás dioses ajenos delante de mí."

***Patriarcas y Profetas*, pp. 312, 313**
"Jehová, el eterno, el que posee existencia propia, el no creado, el que es la fuente de todo y el que lo sustenta todo, es el único que tiene derecho a la veneración y adoración supremas. Se prohíbe al hombre dar a cualquier otro objeto el primer lugar en sus afectos o en su servicio. Cualquier cosa que nos atraiga y que tienda a disminuir nuestro amor a Dios, o que impida que le rindamos el debido servicio es para nosotros un dios."

Éxodo 20:4-6
"No te harás imagen, ni ninguna semejanza de lo que esté arriba en el cielo, ni abajo en la

tierra, ni en las aguas debajo de la tierra. No te inclinarás a ellas, ni las honrarás; porque yo soy Jehová tu Dios, fuerte, celoso, que visito la maldad de los padres sobre los hijos hasta la tercera y cuarta generación de los que me aborrecen, y hago misericordia a millares, a los que me aman y guardan mis mandamientos."

Patriarcas y Profetas, pp. 313, 314

"Este segundo mandamiento prohíbe adorar al verdadero Dios mediante imágenes o figuras. Muchas naciones paganas aseveraban que sus imágenes no eran más que figuras o símbolos mediante los cuales adoraban a la Deidad; pero Dios declaró que tal culto es un pecado. El tratar de representar al Eterno mediante objetos materiales degrada el concepto que el hombre tiene de Dios. La mente, apartada de la infinita perfección de Jehová, es atraída hacia la criatura más bien que hacia el Creador, y el hombre se degrada a sí mismo en la medida en que rebaja su concepto de Dios.

"'Yo soy el Señor Dios tuyo, el fuerte, el celoso.' La relación estrecha y sagrada de Dios con su pueblo se representa mediante el símbolo del matrimonio. Puesto que la idolatría es adulterio espiritual, el desagrado de Dios bien puede llamarse celos.

"'Que castigo la maldad de los padres en los hijos hasta la tercera y cuarta generación, de aquellos, digo, que me aborrecen.' Es inevitable que los hijos sufran las consecuencias de la maldad de sus padres, pero no son castigados por la culpa de sus padres, a no ser que participen de los pecados de éstos. Sin embargo, generalmente los hijos siguen los pasos de sus padres. Por la herencia y por el ejemplo, los hijos llegan a ser participantes de los pecados de sus progenitores. Las malas inclinaciones, el apetito pervertido, la moralidad depravada, además de las enfermedades y la degeneración física, se transmiten como un legado de padres a hijos, hasta la tercera y cuarta generación. Esta terrible verdad debiera tener un poder solemne para impedir que los hombres sigan una conducta pecaminosa.

"'Y que uso de misericordia hasta millares de generaciones con los que me aman y guardan mis mandamientos.' El segundo mandamiento, al prohibir la adoración de falsos dioses, demanda que se adore al Dios verdadero. Y a los que son fieles en servir al Señor se les promete misericordia, no sólo hasta la tercera y cuarta generación, que es el tiempo que su ira amenaza a los que le odian, sino hasta la milésima generación."

Éxodo 20:7

"No tomarás el nombre de Jehová tu Dios en vano; porque no dará por inocente Jehová al que tomare su nombre en vano."

Salmo 111:9

"Redención ha enviado a su pueblo; para siempre ha ordenado su pacto; santo y temible es su nombre."

Patriarcas y Profetas, p. 314

"Este mandamiento no sólo prohíbe el jurar en falso y las blasfemias tan comunes, sino también el uso del nombre de Dios de una manera frívola o descuidada, sin considerar su tremendo significado. Deshonramos a Dios cuando mencionamos su nombre en la conversación ordinaria, cuando apelamos a él por asuntos triviales, cuando repetimos su nombre con frecuencia y sin reflexión. 'Santo y terrible es su nombre.' Salmo 111:9. Todos debieran meditar en su majestad, su pureza, y su santidad, para que el corazón comprenda su exaltado carácter; y su santo nombre se pronuncie con respeto y solemnidad."

Éxodo 20:8-11

"Acuérdate del día de reposo para santificarlo. Seis días trabajarás, y harás toda tu obra; mas el séptimo día es reposo para Jehová tu Dios; no hagas en él obra alguna, tú, ni tu hijo, ni tu hija, ni tu siervo, ni tu criada, ni tu bestia, ni tu extranjero que está dentro de tus puertas. Porque en seis días hizo Jehová los cielos y la tierra, el mar, y todas las cosas que en ellos hay, y reposó en el séptimo día; por tanto, Jehová bendijo el día de reposo y lo santificó."

Isaías 58:13

"Si retrajeres del día de reposo tu pie, de hacer tu voluntad en mi día santo, y lo llamares delicia, santo, glorioso de Jehová; y lo veneraries, no andando en tus propios caminos, ni buscando tu voluntad, ni hablando tus propias palabras."

Patriarcas y Profetas, p. 315

"Aquí no se presenta el sábado como una institución nueva, sino como establecido en el tiempo de la creación del mundo. Hay que recordar y observar el sábado como monumento de la obra del Creador. Al señalar a Dios como el Hacedor de los cielos y de la tierra, el sábado distingue al verdadero Dios de todos los falsos dioses. Todos los que guardan el séptimo día demuestran al hacerlo que son adoradores de Jehová. Así el sábado será la señal de lealtad del hombre hacia Dios mientras haya en la tierra quien le sirva. El cuarto mandamiento es, entre todos los diez, el único que contiene tanto el nombre como el título del Legislador. Es el único que establece por autoridad de quién se dio la ley. Así, contiene el sello de Dios, puesto en su ley como prueba de su autenticidad y de su vigencia

"Dios ha dado a los hombres seis días en que trabajar, y requiere que su trabajo sea hecho durante esos seis días laborables. En el sábado pueden hacerse las obras absolutamente necesarias y las de misericordia. A los enfermos y dolientes hay que cuidarlos todos los días, pero se ha de evitar rigurosamente toda labor innecesaria. 'Si retrajeres del sábado tu pie, de hacer tu voluntad en mi día santo, y al sábado llamares delicias, santo, glorioso de Jehová; y lo veneraries, no haciendo tus caminos, ni buscando tu voluntad.' Isaías 58:13. No acaba aquí la prohibición. 'Ni hablando tus palabras,' dice el profeta. Los que durante el sábado hablan de negocios o hacen proyectos, son considerados por Dios como si realmente realizaran transacciones comerciales. Para santificar el sábado, no debiéramos siquiera permitir que nuestros pensamientos se detengan en cosas de carácter mundanal. Y el mandamiento incluye a todos los que están dentro de nuestras puertas. Los habitantes de la casa deben dejar sus negocios terrenales durante las horas sagradas. Todos debieran estar unidos para honrar a Dios y servirle voluntariamente en su santo día."

Éxodo 31:13

"Tú hablarás a los hijos de Israel, diciendo: En verdad vosotros guardaréis mis días de reposo; porque es señal entre mí y vosotros por vuestras generaciones, para que sepáis que yo soy Jehová que os santifico."

Éxodo 20:12

"Honra a tu padre y a tu madre, para que tus días se alarguen en la tierra que Jehová tu Dios te da."

Efesios 6:2

"Honra a tu padre y a tu madre, que es el primer mandamiento con promesa."

Patriarcas y Profetas, p. 316

"Se debe a los padres mayor grado de amor y respeto que a ninguna otra persona. Dios mismo, que les impuso la responsabilidad de guiar las almas puestas bajo su cuidado, ordenó que, durante los primeros años de la vida, los padres estén en lugar de Dios respecto a sus hijos. El que desecha la legítima autoridad de sus padres, desecha la autoridad de Dios. El quinto mandamiento no sólo requiere que los hijos sean respetuosos, sumisos y obedientes a sus padres, sino que también los amen y sean tiernos con ellos, que alivien sus cuidados, que [cuiden] su reputación, y que les ayuden y consuelen en su vejez. También encarga sean considerados con los ministros y gobernantes, y con todos aquellos en quienes Dios ha delegado autoridad.

"Este es, dice el apóstol, 'el primer mandamiento con promesa.' Efesios 6:2. Para Israel, que esperaba entrar pronto en Canaán, esto significaba la promesa de que los obedientes vivirían largos años en aquella buena tierra; pero tiene un significado más amplio, pues incluye a todo el Israel de Dios, y promete la vida eterna sobre la tierra, cuando ésta sea librada de la maldición del pecado."

Éxodo 20:13
"No matarás."

1 Juan 3:15
"Todo aquel que aborrece a su hermano es homicida; y sabéis que ningún homicida tiene vida eterna permanente en él."

Patriarcas y Profetas, p. 316
"Todo acto de injusticia que contribuya a abreviar la vida, el espíritu de odio y de venganza, o el abrigar cualquier pasión que se traduzca en hechos perjudiciales para nuestros semejantes o que nos lleve siquiera a desearles mal, pues 'cualquiera que aborrece a su hermano, es homicida' (1 Juan 3:15), todo descuido egoísta que nos haga olvidar a los menesterosos y dolientes, toda satisfacción del apetito, o privación innecesaria, o labor excesiva que tienda a perjudicar la salud; todas estas cosas son, en mayor o menor grado, violaciones del sexto mandamiento."

Éxodo 20:14
"No cometerás adulterio."

Patriarcas y Profetas, p. 317
"Este mandamiento no sólo prohíbe las acciones impuras, sino también los pensamientos y los deseos sensuales, y toda práctica que tienda a excitarlos. Exige pureza no sólo de la vida exterior, sino también en las intenciones secretas y en las emociones del corazón. Cristo, al enseñar cuán abarcante es la obligación de guardar la ley de Dios, declaró que los malos pensamientos y las miradas concupiscentes son tan ciertamente pecados como el acto ilícito."

Éxodo 20:15
"No hurtarás."

Patriarcas y Profetas, p. 317
"Esta prohibición incluye tanto los pecados públicos como los privados. El octavo mandamiento condena el robo de hombres y el tráfico de esclavos, y prohíbe las guerras de conquista. Condena el hurto y el robo. Exige estricta integridad en los más mínimos pormenores de los asuntos de la vida. Prohíbe la excesiva ganancia en el comercio, y requiere el pago de las deudas y de salarios justos. Implica que toda tentativa de sacar provecho de la ignorancia, debilidad, o desgracia de los demás, se anota como un fraude en los registros del cielo."

Éxodo 20:16
"No hablarás contra tu prójimo falso testimonio."

Patriarcas y Profetas, p. 317
"La mentira acerca de cualquier asunto, todo intento o propósito de engañar a nuestro prójimo, están incluidos en este mandamiento. La falsedad consiste en la intención de engañar. Mediante una mirada, un ademán, una expresión del semblante, se puede mentir tan eficazmente como si se usaran palabras. Toda exageración intencionada, toda insinuación o palabras indirectas dichas con el fin de producir un concepto erróneo o exagerado, hasta la exposición de los hechos de manera que den una idea equivocada, todo esto es mentir. Este precepto prohíbe todo intento de dañar la reputación de nuestros semejantes por medio de tergiversaciones o suposiciones malintencionadas, mediante calumnias o chismes. Hasta la supresión intencional de la verdad, hecha con el fin de perjudicar a otros, es una violación del noveno mandamiento."

Éxodo 20:17
"No codiciarás la casa de tu prójimo, no codiciarás la mujer de tu prójimo, ni su siervo, ni su criada, ni su buey, ni su asno, ni cosa alguna de tu prójimo."

Patriarcas y Profetas, p. 318
"El décimo mandamiento ataca la raíz misma de todos los pecados, al prohibir el deseo egoísta, del cual nace el acto pecaminoso. El que, obedeciendo a la ley de Dios, se abstiene de abrigar hasta el deseo pecaminoso de poseer lo que pertenece a otro, no será culpable de un mal acto contra sus semejantes."

Resumen

Patriarcas y Profetas, p. 318
"Tales fueron los sagrados preceptos del Decálogo, pronunciados entre truenos y llamas, y en medio de un despliegue maravilloso del poder y de la majestad del gran Legislador. Dios acompañó la proclamación de su ley con manifestaciones de su poder y su gloria, para que su pueblo no olvidara nunca la escena, y para que abrigara profunda veneración hacia el Autor de la ley, Creador de los cielos y de la tierra. También quería revelar a todos los hombres la santidad, la importancia y la perpetuidad de su ley."

Patriarcas y Profetas, p. 319
"La mente del pueblo, cegada y envilecida por la servidumbre y el paganismo, no estaba preparada para apreciar plenamente los abarcantes principios de los diez preceptos de Dios. Para que las obligaciones del Decálogo pudieran ser mejor comprendidas y ejecutadas, se añadieron otros preceptos, que ilustraban y aplicaban los principios de los diez mandamientos. Estas leyes se llamaron 'derechos,' porque fueron trazadas con infinita sabiduría y equidad, y porque los magistrados habían de juzgar según ellas. A diferencia de los diez mandamientos, estos 'derechos' fueron dados en privado a Moisés, quien había de comunicarlos al pueblo."

Patriarcas y Profetas, p. 320
"Estos 'derechos' debían ser escritos por Moisés y junto con los diez mandamientos, para cuya explicación fueron dados, debían ser cuidadosamente atesorados como fundamento de la ley nacional y como condición del cumplimiento de las promesas de Dios a Israel."

La Ley de Dios Definida

***The Signs of the Times*, 30 de noviembre de 1904**

"El carácter de Dios se revela en los preceptos de su ley. Esta es la razón por la cual Satanás quiere que esta ley sea de ningún efecto. Pero a pesar de sus esfuerzos, la ley queda santa e inmutable. Es una expresión del carácter de Dios. No puede ser acusada ni alterada."

***Patriarcas y Profetas*, p. 387**

"Aunque este pacto fue hecho con Adán, y más tarde se le renovó a Abrahán, no pudo ratificarse sino hasta la muerte de Cristo. Existió en virtud de la promesa de Dios desde que se indicó por primera vez la posibilidad de redención. Fue aceptado por fe: no obstante, cuando Cristo lo ratificó fue llamado el pacto *nuevo*. La ley de Dios fue la base de este pacto, que era sencillamente un arreglo para restituir al hombre a la armonía con la voluntad divina, colocándolo en situación de poder obedecer la ley de Dios."

Romanos 3:20

"Ya que por las obras de la ley ningún ser humano será justificado delante de él; porque por medio de la ley es el conocimiento del pecado."

Romanos 4:15

"Pues la ley produce ira; pero donde no hay ley, tampoco hay transgresión."

1 Juan 3:4

"Todo aquel que comete pecado, infringe también la ley; pues el pecado es infracción de la ley."

Salmo 40:8

"El hacer tu voluntad, Dios mío, me ha agradado, y tu ley está en medio de mi corazón."

***El Deseado de Todas las Gentes*, p. 296**

"El yugo que nos liga al servicio es la ley de Dios. La gran ley de amor revelada en el Edén, proclamada en el Sinaí, y en el nuevo pacto escrita en el corazón, es la que liga al obrero humano a la voluntad de Dios. Si fuésemos abandonados a nuestras propias inclinaciones para ir adonde nos condujese nuestra voluntad, caeríamos en las filas de Satanás y llegaríamos a poseer sus atributos. Por lo tanto, Dios nos encierra en su voluntad, que es alta, noble y elevadora. El desea que asumamos con paciencia y sabiduría los deberes de servirle. El yugo de este servicio lo llevó Cristo mismo como humano. El dijo: 'Me complazco en hacer tu voluntad, oh Dios mío, y tu ley está en medio de mi corazón.'"

Hebreos 10:16

"Este es el pacto que haré con ellos después de aquellos días, dice el Señor: Pondré mis leyes en sus corazones, y en sus mentes las escribiré."

1 Juan 5:3

"Pues este es el amor a Dios, que guardemos sus mandamientos; y sus mandamientos no son gravosos."

1 Juan 2:4

"El que dice: Yo le conozco, y no guarda sus mandamientos, el tal es mentiroso, y la verdad no está en él."

***El Camino a Cristo*, p. 60**

"La ley de Dios es una expresión de la misma naturaleza de su Autor; es la personificación del gran principio del amor, y es, por lo tanto,

Resumen de las Características Mutuas de Dios y su Ley

El Amor de Dios	Característica	Dios
Romanos 7:12	Bueno	Mateo 19:17
Romanos 7:12	Justo	Deuteronomio 32:4
Romanos 7:12	Santo	Levítico 11:44
Romanos 7:14	Espiritual	Juan 4:23, 24; 2 Corintios 3:17, 18
Salmo 19:7	Perfecto	Deuteronomio 32:4
Salmo 19:8	Puro	Job 4:17; Proverbios 30:5
Lucas 16:17	Eterno	1 Timoteo 1:17
Salmo 119:142	Verdadero	Romanos 3:4; Juan 7:28; 14:6
Mateo 22:35-39	Amor	1 Juan 4:8-12; Juan 3:16
Santiago 1:25; 2:12	Libertad	2 Corintios 3:17

el fundamento de su gobierno en los cielos y en la tierra. Si nuestros corazones están renovados a la semejanza de Dios, si el amor divino está implantado en el alma, ¿no se cumplirá la ley de Dios en nuestra vida? Cuando el principio del amor es implantado en el corazón, cuando el hombre es renovado a la imagen del que lo creó, se cumple en él la promesa del nuevo pacto: 'Pondré mis leyes en su corazón, y también en su mente las escribiré.' Y si la ley está escrita en el corazón, ¿no modelará la vida? La obediencia, es decir el servicio y la lealtad que se rinden por amor, es la verdadera prueba del discipulado. Por esto dice la Escritura: 'Este es el amor de Dios, que guardemos sus mandamientos.' 'El que dice: Yo le conozco, y no guarda sus mandamientos, es mentiroso, y no hay verdad en él.' En vez de eximir al hombre de la obediencia, la fe, y sólo ella, nos hace participantes de la gracia de Cristo, y nos capacita para obedecer."

La Ley de Dios y el Nuevo Pacto

Proverbios 29:18
"Sin profecía el pueblo se desenfrena; mas el que guarda la ley es bienaventurado."

Deuteronomio 5:29-33
"¡Quién diera que tuviesen tal corazón, que me temiesen y guardasen todos los días todos mis mandamientos, para que a ellos y a sus hijos les fuese bien para siempre! Ve y diles: Volveos a vuestras tiendas. Y tú quédate aquí conmigo, y te diré todos los mandamientos y estatutos y decretos que les enseñarás, a fin de que los pongan ahora por obra en la tierra que yo les doy por posesión. Mirad, pues, que

hagáis como Jehová vuestro Dios os ha mandado; no os apartéis a diestra ni a siniestra."

Santiago 2:10
"Porque cualquiera que guardare toda la ley, pero ofendiere en un punto, se hace culpable de todos."

Mateo 22:29
"Entonces respondiendo Jesús, les dijo: Erráis, ignorando las Escrituras y el poder de Dios."

Lucas 24:44, 45
"Y les dijo: Estas son las palabras que os hablé, estando aún con vosotros: que era necesario que se cumpliese todo lo que está escrito de mí en la ley de Moisés, en los profetas y en los salmos. Entonces les abrió el entendimiento, para que comprendiesen las Escrituras."

The Review and Herald, **4 de febrero de 1890**
"Sólo tenemos algunas vislumbres con respecto a la inmensa amplitud de la ley de Dios. La ley proclamada desde el Sinaí es una expresión del carácter de Dios. Muchos que se presentan como maestros de la verdad no tienen la menor idea de lo de que se trata cuando presentan la ley a la gente, porque no la han estudiado; no han puesto sus poderes mentales a la tarea de comprender su significado. Las habilidades que Dios les ha dado son desviadas y mal aplicadas, y faltan bastante en entender lo que es la verdad. Tienen una pequeña medida de conocimiento, pero no entienden la relación de Cristo a la ley, y no pueden presentarla de tal manera como para desarrollar el plan de la salvación a sus oyentes; porque no permiten que Cristo esté en sus corazones, ni le dejan entrar en sus discursos.

"Muy poco se entiende sobre la relación de Cristo a la ley, pero la ignorancia no servirá de disculpa para cualquiera que actúe contra los principios de la ley y el evangelio. Muchos de los que pretenden de creer en las verdades probadoras para estos últimos días, se comportan como si Dios no tomara nota de su falta de respeto para su santa ley, y hasta manifiestan desobediencia para los principios de la misma. La ley es una expresión de su voluntad, y es por medio de obedecer esta ley que Dios propone aceptar los hijos del hombre como sus hijos e hijas. Las consecuencias de la trasgresión alcanzan hasta la eternidad, y nadie debe quedarse satisfecho de ser principiante en relación a los profundos misterios de la salvación. Tenemos que entender la relación de Cristo a la ley moral.

"Nuestra justicia se encuentra en la obediencia de la ley de Dios a través de los méritos de Jesucristo. No nos conviene ofender en ni siquiera un solo punto; porque si lo hacemos, estamos culpable de todos [Santiago 2:10]; es decir, el cielo nos registra como transgresores, como hijos desobedientes, desgraciados, inmundos, los que escogen la depravación de Satanás sobre la pureza de Cristo. Un sacrificio infinito fue hecho para que la imagen moral de Dios pudiera ser restaurada al hombre, a través de obediencia voluntaria a todos los mandamientos de Dios. Grande y excelente es nuestra salvación, porque provisión amplia ha sido hecha a través de la justicia de Cristo, para que seamos puros, completos, faltando nada.

"El plan de la salvación abre al pecador que se arrepiente y cree en las posibilidades para la eternidad, cosa que el máximo esfuerzo de la imaginación no puede comprender. Si el hombre mantiene la ley de Dios por la fe en Cristo, los tesoros del cielo estarán a su disposición; pero el contrario de esto será el resultado si rehusamos de obedecer a Dios. No es posible que el hombre por si mismo cumpla la ley de Dios solamente por esfuerzo humano. Sus ofrendas, sus obras, todas estarán manchadas por el pecado....

"En el estudio de las Escrituras hay un alcance grande para el uso de cada facultad que Dios nos ha dado. Debemos concentrarnos en la ley y el evangelio, mostrando la relación de Cristo a la gran norma de la justicia. La obra mediadora de Cristo, los grandes y santos misterios de la redención, no son estudiados o comprendidos por la gente que reclama que tienen luz en adelanto de todos los otros sobre la faz de la tierra. Si Jesús estuviera personalmente en la tierra, él iría dirigirse a un gran número de los que dicen que creen la verdad presente, con las palabras que usó con los fariseos: 'Erráis, ignorando las Escrituras y el poder de Dios [Mateo 22:29].' Los más sabios de los escribas judíos no percibían la relación de Cristo a la ley; no comprendían la salvación que era ofrecida. No podían discernir la excelencia moral de la ley en su día, y muchos hoy no comprenden las Escrituras ni el poder de Dios. En el tiempo de Cristo los sentidos de los oyentes estaban obscurecidos por sus propias enseñanzas y opiniones. Mezclaban sus propias nociones preconcebidas con las enseñanzas de Cristo, y por lo tanto estaban impedidos de comprender las elevadas verdades que él presentaba. Estaban ciegos a la correcta interpretación de las Escrituras del Antiguo Testamento, pero él abrió a sus discípulos su significado, revelando la importancia espiritual y práctica de los mandamientos de Dios por la vida y carácter. Prometió a sus discípulos que después de su ascensión a su Padre, iba a enviar el Espíritu Santo, quien traería todas las cosas a su memoria. Jesús les había dejado verdades en su posesión, el valor de las cuales no comprendían. Después de su resurrección quedaron atónitos a las palabras que les habló; pero les dijo: 'Estas son las palabras que os hablé, estando aún con vosotros: que era necesario que se cumpliese todo lo que está escrito de mí en la ley de Moisés, en los profetas y en los salmos. Entonces les abrió el entendimiento, para que comprendiesen las Escrituras [Lucas 24:44, 45].' Los discípulos estaban tardos de corazón para creer todo lo que las Escrituras testificaban acerca de Cristo.

"Mientras estamos contentos con nuestro conocimiento limitado, estamos descalificados para obtener vistas ricas de la verdad. No podemos entender los hechos conectados con la expiación, y el enaltecido y santo carácter de la ley de Dios."

La Ley de Dios—El Sábado

Isaías 58: 13, 14
"Si retrajeres del día de reposo tu pie, de hacer tu voluntad en mi día santo, y lo llamares delicia, santo, glorioso de Jehová; y lo veneraes, no andando en tus propios caminos, ni buscando tu voluntad, ni hablando tus propias palabras, entonces te deleitarás en Jehová; y yo te haré subir sobre las alturas de la tierra, y te daré a comer la heredad de Jacob tu padre; porque la boca de Jehová lo ha hablado."

Isaías 56:2-7
"Bienaventurado el hombre que hace esto, y el hijo de hombre que lo abraza; que guarda el día de reposo para no profanarlo, y que guarda su mano de hacer todo mal.

"Y el extranjero que sigue a Jehová no hable diciendo: Me apartará totalmente Jehová de su pueblo. Ni diga el eunuco: He aquí yo soy árbol seco. Porque así dijo Jehová: A los eunucos que guarden mis días de reposo, y escojan lo que yo quiero, y abracen mi pacto, yo les daré lugar en mi casa y dentro de mis muros, y nombre mejor que el de hijos e hijas; nombre perpetuo les daré, que nunca perecerá.

"Y a los hijos de los extranjeros que sigan a Jehová para servirle, y que amen el nombre de Jehová para ser sus siervos; a todos los que guarden el día de reposo para no profanarlo, y abracen mi pacto, yo los llevaré a mi santo monte, y los recrearé en mi casa de oración; sus holocaustos y sus sacrificios serán aceptos sobre mi altar; porque mi casa será llamada casa de oración para todos los pueblos."

Ezequiel 20:11, 12
"Y les di mis estatutos, y les hice conocer mis decretos, por los cuales el hombre que los cumpliere vivirá. Y les di también mis días de reposo, para que fuesen por señal entre mí y ellos, para que supiesen que yo soy Jehová que los santifico."

Marcos 2:27
"También les dijo: El día de reposo fue hecho por causa del hombre, y no el hombre por causa del día de reposo."

Mateo 5:18
"Porque de cierto os digo que hasta que pasen el cielo y la tierra, ni una jota ni una tilde pasará de la ley, hasta que todo se haya cumplido."

Isaías 66:23
"Y de mes en mes, y de día de reposo en día de reposo, vendrán todos a adorar delante de mí, dijo Jehová."

El Deseado de Todas las Gentes, p. 249
"El sábado no era para Israel solamente, sino para el mundo entero. Había sido dado a conocer al hombre en el Edén, y como los demás preceptos del Decálogo, es de obligación imperecedera. Acerca de aquella ley de la cual el cuarto mandamiento forma parte, Cristo declara: 'Hasta que perezca el cielo y la tierra, ni una jota ni una tilde perecerá de la ley.' Así que mientras duren los cielos y la tierra, el sábado continuará siendo una señal del poder del Creador. Cuando el Edén vuelva a florecer en la tierra, el santo día de reposo de Dios será honrado por todos los que moren debajo del sol. 'De sábado en sábado,' los habitantes de la tierra renovada y glorificada, subirán 'a adorar delante de mí, dijo Jehová.'"

Éxodo 31:12-18
"Habló además Jehová a Moisés, diciendo: Tú hablarás a los hijos de Israel, diciendo: En verdad vosotros guardaréis mis días de reposo; porque es señal entre mí y vosotros por vuestras generaciones, para que sepáis que yo soy Jehová que os santifico. Así que guardaréis el día de reposo, porque santo es a vosotros; el que lo profanare, de cierto morirá; porque cualquiera que hiciere obra alguna en él, aquella persona será cortada de en medio de su pueblo. Seis días se trabajará, mas el día séptimo es día de reposo consagrado a Jehová; cualquiera que trabaje en el día de reposo, ciertamente morirá. Guardarán, pues, el día de reposo los hijos de Israel, celebrándolo por sus generaciones por pacto perpetuo. Señal es para siempre entre mí y los hijos de

> **"El sábado es una señal de la relación que existe entre Dios y su pueblo, una señal de que éste honra la ley de su Creador. Hace distinción entre los súbditos leales y los transgresores."**

Israel; porque en seis días hizo Jehová los cielos y la tierra, y en el séptimo día cesó y reposó.

"Y dio a Moisés, cuando acabó de hablar con él en el monte de Sinaí, dos tablas del testimonio, tablas de piedra escritas con el dedo de Dios."

***Testimonios para la Iglesia*, vol. 6, p. 351, 352**
"Cuando el Señor liberó a su pueblo Israel de Egipto y le confió su ley, le enseñó que por la observancia del sábado debía distinguirse de los idólatras. Así se crearía una distinción entre los que reconocían la soberanía de Dios y los que se negaban a aceptarle como su Creador y Rey. 'Señal es para siempre entre mí y los hijos de Israel,' dijo el Señor. 'Guardarán, pues, el sábado los hijos de Israel: celebrándolo por sus generaciones por pacto perpetuo.' Éxodo 31:17, 16.

"Así como el sábado fue la señal que distinguía a Israel cuando salió de Egipto para entrar en la Canaán terrenal, así también es la señal que ahora distingue al pueblo de Dios cuando sale del mundo para entrar en el reposo celestial. El sábado es una señal de la relación que existe entre Dios y su pueblo, una señal de que éste honra la ley de su Creador. Hace distinción entre los súbditos leales y los transgresores.

"Desde la columna de nube, Cristo declaró acerca del sábado: 'Con todo eso vosotros guardaréis mis sábados: porque es señal entre mí y vosotros por vuestras generaciones, para que sepáis que yo soy Jehová que os santifico.' Éxodo 31:13. El sábado que fue dado al mundo como señal de que Dios es el Creador, es también la señal de que es el Santificador. El poder que creó todas las cosas es el poder que vuelve a crear el alma a su semejanza. Para quienes lo santifican, el sábado es una señal de santificación. La verdadera santificación es armonía con Dios, unidad con él en carácter. Se recibe obedeciendo a los principios que son el trasunto de su carácter. Y el sábado es la señal de obediencia. El que obedece de corazón al cuarto mandamiento, obedecerá toda la ley. Queda santificado por la obediencia.

"A nosotros, como a Israel, nos es dado el sábado 'por pacto perpetuo.' Para los que reverencian el santo día, el sábado es una señal de que Dios los reconoce como su pueblo escogido. Es una garantía de que cumplirá su pacto en su favor. Cada alma que acepta la señal del gobierno de Dios, se coloca bajo el pacto divino y eterno. Se vincula con la cadena áurea de la obediencia, de la cual cada eslabón es una promesa."

> "El sábado que fue dado al mundo como señal de que Dios es el Creador, es también la señal de que es el Santificador."

***Patriarcas y Profetas*, pp. 28, 29**
"El gran Jehová había puesto los fundamentos de la tierra; había vestido a todo el mundo con un manto de belleza, y había colmado el mundo de cosas útiles para el hombre; había creado todas las maravillas de la tierra y del mar. La gran obra de la creación fue realizada en seis días. 'Y acabó Dios en el día séptimo su obra que hizo, y reposó el día séptimo de toda su obra que había hecho. Y bendijo Dios al día séptimo, y [lo santificó], porque en él reposó de toda su obra que había Dios [creado] y hecho.' Génesis 2:2, 3. Dios miró con satisfacción la obra de sus manos. Todo era perfecto, digno de su divino Autor; y él descansó, no como quien estuviera fatigado,

sino satisfecho con los frutos de su sabiduría y bondad y con las manifestaciones de su gloria.

"Después de descansar el séptimo día, Dios lo santificó; es decir, lo escogió y apartó como día de descanso para el hombre. Siguiendo el ejemplo del Creador, el hombre había de reposar durante este sagrado día, para que, mientras contemplara los cielos y la tierra, pudiese reflexionar sobre la grandiosa obra de la creación de Dios; y para que, mientras mirara las evidencias de la sabiduría y bondad de Dios, su corazón se llenase de amor y reverencia hacia su Creador.

"Al bendecir el séptimo día en el Edén, Dios estableció un recordativo de su obra creadora. El sábado fue confiado y entregado a Adán, padre y representante de toda la familia humana. Su observancia había de ser un acto de agradecido reconocimiento de parte de todos los que habitasen la tierra, de que Dios era su Creador y su legítimo soberano, de que ellos eran la obra de sus manos y los súbditos de su autoridad. De esa manera la institución del sábado era enteramente conmemorativa, y fue dada para toda la humanidad. No había nada en ella que fuese obscuro o que limitase su observancia a un solo pueblo."

El Conflicto de los Siglos, p. 430

"En el corazón mismo del Decálogo se encuentra el cuarto mandamiento, tal cual fue proclamado originalmente: 'Acuérdate del sábado para santificarlo. Seis días trabajarás y harás toda tu obra, pero el séptimo día es de reposo para Jehová, tu Dios; no hagas en él obra alguna, tú, ni tu hijo, ni tu hija, ni tu siervo, ni tu criada, ni tu bestia, ni el extranjero que está dentro de tus puertas, porque en seis días hizo Jehová los cielos y la tierra, el mar, y todas las cosas que en ellos hay, y reposó en el séptimo día; por tanto, Jehová bendijo el sábado y lo santificó.' Éxodo 20:8-11 (RV95).

"El Espíritu de Dios obró en los corazones de esos cristianos que estudiaban su Palabra, y quedaron convencidos de que, sin saberlo, habían transgredido este precepto al despreciar el día de descanso del Creador. Empezaron a examinar las razones por las cuales se guardaba el primer día de la semana en lugar del día que Dios había santificado. No pudieron encontrar en las Sagradas Escrituras prueba alguna de que el cuarto mandamiento hubiese sido abolido o de que el día de reposo hubiese cambiado; la bendición que desde un principio santificaba el séptimo día no había sido nunca revocada. Habían procurado honradamente conocer y hacer la voluntad de Dios; al reconocerse entonces transgresores de la ley divina, sus corazones se llenaron de pena, y manifestaron su lealtad hacia Dios guardando su santo sábado."

Ezequiel 20:20

"Y santificad mis días de reposo, y sean por señal entre mí y vosotros, para que sepáis que yo soy Jehová vuestro Dios."

Apocalipsis 14:7

"Diciendo a gran voz: Temed a Dios, y dadle gloria, porque la hora de su juicio ha llegado; y adorad a aquel que hizo el cielo y la tierra, el mar y las fuentes de las aguas."

Génesis 2:2, 3

"Y acabó Dios en el día séptimo la obra que hizo; y reposó el día séptimo de toda la obra que hizo. Y bendijo Dios al día séptimo, y lo santificó, porque en él reposó de toda la obra que había hecho en la creación."

El Conflicto de los Siglos, p. 433

"En el capítulo 14 del Apocalipsis se exhorta a los hombres a que adoren al Creador, y la profecía expone a la vista una clase de personas que, como resultado del triple mensaje, guardan los mandamientos de Dios. Uno de estos mandamientos señala directamente a Dios como Creador. El cuarto precepto declara: 'Acuérdate del sábado para santificarlo.... El séptimo día es de reposo para Jehová, tu Dios; ... porque en seis días hizo Jehová los cielos y la tierra, el mar, y todas las cosas que en ellos hay, y reposó en el séptimo día; por tanto, Jehová bendijo el sábado y lo santificó.' Éxodo 20:10, 11 (RV95). Respecto al sábado, el Señor dice, además, que será una 'señal ... para que sepáis que yo soy Jehová vuestro Dios.' Ezequiel 20:20 (RV95). Y la razón aducida es: 'Porque en seis días hizo Jehová los cielos y la tierra, y en el séptimo día cesó, y reposó.' Éxodo 31:17.

"'La importancia del sábado, como institución conmemorativa de la creación, consiste en que recuerda siempre la verdadera razón por la cual se debe adorar a Dios,' porque él es el Creador, y nosotros somos sus criaturas. 'Por consiguiente, el sábado forma parte del fundamento mismo del culto divino, pues enseña esta gran verdad del modo más contundente, como no lo hace ninguna otra institución. El verdadero motivo del culto divino, no tan solo del que se tributa en el séptimo día, sino de toda adoración, reside en la distinción existente entre el Creador y sus criaturas. Este hecho capital no perderá nunca su importancia ni debe caer nunca en el olvido' (J. N. Andrews, *History of the Sabbath*, cap. 27). Por eso, es decir, para que esta verdad no se borrara nunca de la mente de los hombres, instituyó Dios el sábado en el Edén y mientras el ser él nuestro Creador siga siendo motivo para que le adoremos, el sábado seguirá siendo señal conmemorativa de ello. Si el sábado se hubiese observado universalmente, los pensamientos e inclinaciones de los hombres se habrían dirigido hacia el Creador como objeto de reverencia y adoración, y nunca habría habido un idólatra, un ateo, o un incrédulo. La observancia del sábado es señal de lealtad al verdadero Dios, 'que hizo el cielo y la tierra, y el mar y las fuentes de agua.' Resulta pues que el mensaje que manda a los hombres adorar a Dios y guardar sus mandamientos, los ha de invitar especialmente a observar el cuarto mandamiento."

***Mensajes Selectos*, tomo 2, pp. 62, 63**
"El pueblo de Dios que será probado encontrará su poder en la señal pronunciada en. Éxodo 31:12-18. Deberá afirmarse en la Palabra viviente: 'Escrito está.' Este es el único fundamento sobre el cual puede permanecer seguro. Aquellos que hayan roto su pacto con Dios, en aquel día estarán sin esperanza y sin Dios en el mundo.

"Los adoradores de Dios se caracterizarán especialmente por su respeto al cuarto mandamiento, puesto que ésta es la señal de su poder creador y el testimonio de su derecho a la reverencia y al homenaje de los seres humanos."

La Perpetuidad de la Ley de Dios

Salmo 89:34
"No olvidaré mi pacto, ni mudaré lo que ha salido de mis labios."

Salmo 119:152
"Hace ya mucho que he entendido tus testimonios, que para siempre los has establecido."

Deuteronomio 5:22
"Estas palabras habló Jehová a toda vuestra congregación en el monte, de en medio del fuego, de la nube y de la oscuridad, a gran voz; y no añadió más. Y las escribió en dos tablas de piedra, las cuales me dio a mí."

Deuteronomio 4:13
"Y él os anunció su pacto, el cual os mandó poner por obra; los diez mandamientos, y los escribió en dos tablas de piedra."

Malaquías 3:6
"Porque yo Jehová no cambio; por esto, hijos de Jacob, no habéis sido consumidos."

Mateo 24:35; Lucas 21:33
"El cielo y la tierra pasarán, pero mis palabras no pasarán."

La Historia de la Redención, p. 145
"La ley de Dios existía antes que el hombre fuera creado. Los ángeles estaban gobernados por ella. Satanás cayó porque transgredió los principios del gobierno del Señor. Después que Adán y Eva fueron creados, el Altísimo les dio a conocer su ley. No fue escrita entonces; pero Jehová la repitió en presencia de ellos."

Primeros Escritos, p. 217
"Se me mostró que la ley de Dios permanecerá inalterable por siempre y regirá en la nueva tierra por toda la eternidad. Cuando en la creación se echaron los cimientos de la tierra, los hijos de Dios contemplaron admirados la obra del Creador, y la hueste celestial prorrumpió en exclamaciones de júbilo. Entonces se echaron también los cimientos del sábado. Después de los seis días de la creación, Dios reposó el séptimo, de toda la obra que había hecho, y lo bendijo y santificó, porque en dicho día había reposado de toda su obra. El sábado fue instituido en el Edén antes de la caída, y lo observaron Adán y Eva y toda la hueste celestial. Dios reposó en el séptimo día, lo bendijo y lo santificó. Vi que el sábado nunca será abolido, sino que los santos redimidos y toda la hueste angélica lo observarán eternamente en honra del gran Creador."

Mateo 5:17, 18
"No penséis que he venido para abrogar la ley o los profetas; no he venido para abrogar, sino para cumplir. Porque de cierto os digo que hasta que pasen el cielo y la tierra, ni una jota ni una tilde pasará de la ley, hasta que todo se haya cumplido."

Salmo 119:89
"Para siempre, oh Jehová, permanece tu palabra en los cielos."

Salmo 111:7, 8
"Las obras de sus manos son verdad y juicio; fieles son todos sus mandamientos, afirmados eternamente y para siempre, hechos en verdad y en rectitud."

El Conflicto de los Siglos, p. 430
"La ley de Dios que se encuentra en el santuario celestial es el gran original del que los preceptos grabados en las tablas de piedra y consignados por Moisés en el Pentateuco eran copia exacta. Los que llegaron a comprender este punto importante fueron inducidos a reconocer el carácter sagrado e invariable de la ley divina. Comprendieron mejor que nunca la fuerza de las palabras del Salvador: 'Hasta que pasen el cielo y la tierra, ni siquiera una jota ni una tilde pasará de la ley.' Mateo 5:18 (VM). Como la ley de Dios es una revelación de su voluntad, [una expresión] de su carácter, debe permanecer para siempre 'como testigo fiel en el cielo.' Ni un mandamiento ha sido anulado; ni un punto ni una tilde han sido cambiados. Dice el salmista: '¡Hasta la eternidad, oh Jehová, tu palabra permanece en el cielo!' 'Seguros son todos sus preceptos; establecidos para siempre jamás.' Salmos 119:89; 111:7, 8 (VM)."

> "La ley de Dios es tan santa como él mismo. Es la revelación de su voluntad, el reflejo de su carácter, y la expresión de su amor y sabiduría."

Patriarcas y Profetas, p. 34

"La ley de Dios es tan santa como él mismo. Es la revelación de su voluntad, el reflejo de su carácter, y la expresión de su amor y sabiduría. La armonía de la creación depende del perfecto acuerdo de todos los seres y las cosas, animadas e inanimadas, con la ley del Creador. No sólo ha dispuesto Dios leyes para el gobierno de los seres vivientes, sino también para todas las operaciones de la naturaleza. Todo obedece a leyes fijas, que no pueden eludirse. Pero mientras que en la naturaleza todo está gobernado por leyes naturales, solamente el hombre, entre todos los moradores de la tierra, está sujeto a la ley moral. Al hombre, obra maestra de la creación, Dios le dio la facultad de comprender sus requerimientos, para que reconociese la justicia y la benevolencia de su ley y su sagrado derecho sobre él; y del hombre se exige una respuesta obediente."

Isaías 59:14

"Y el derecho se retiró, y la justicia se puso lejos; porque la verdad tropezó en la plaza, y la equidad no pudo venir."

El Conflicto de los Siglos, pp. 570-574

"Al rechazar la verdad, los hombres rechazan al Autor de ella. Al pisotear la ley de Dios, se niega la autoridad del Legislador. Es tan fácil hacer un ídolo de las falsas doctrinas y teorías como tallar un ídolo de madera o piedra. Al representar falsamente los atributos de Dios, Satanás induce a los hombres a que se formen un falso concepto con respecto a él. Muchos han entronizado un ídolo filosófico en lugar de Jehová, mientras que el Dios viviente, tal cual está revelado en su Palabra, en Cristo y en las obras de la creación, no es adorado más que por un número relativamente pequeño. Miles y miles deifican la naturaleza al paso que niegan al Dios de ella. Aunque en forma diferente, la idolatría existe en el mundo cristiano de hoy tan ciertamente como existió entre el antiguo Israel en tiempos de Elías. El Dios de muchos así llamados sabios, filósofos, poetas, políticos, periodistas—el Dios de los círculos selectos y a la moda, de muchos colegios y universidades y hasta de muchos centros de teología—no es mucho mejor que Baal, el dios Sol de los fenicios.

"Ninguno de los errores aceptados por el mundo cristiano ataca más atrevidamente la autoridad de Dios, ninguno está en tan abierta oposición con las enseñanzas de la razón, ninguno es de tan perniciosos resultados como la doctrina moderna que tanto cunde, de que la ley de Dios ya no es más de carácter obligatorio para los hombres. Toda nación tiene sus leyes que exigen respeto y obediencia; ningún gobierno podría subsistir sin ellas; ¿y es posible imaginarse que el Creador del cielo y de la tierra no tenga ley alguna para gobernar los seres a los cuales creó? Supongamos que los ministros más eminentes se pusiesen a predicar que las leyes que gobiernan a su país y amparan los derechos de los ciudadanos no estaban más en vigencia, que por coartar las libertades del pueblo ya no se les debe obediencia. ¿Por cuánto tiempo se tolerarían semejantes prédicas? ¿Pero es acaso mayor ofensa desdeñar las leyes de los estados y de las naciones que pisotear los preceptos divinos, que son el fundamento de todo gobierno?

"Más acertado sería que las naciones aboliesen sus estatutos y dejaran al pueblo hacer lo que quisiese, antes de que el Legislador del universo anulase su ley y dejase al mundo sin norma para condenar al culpable o justificar al obediente. ¿Queremos saber cuál sería el resultado de la abolición de la ley de Dios? El experimento se ha hecho ya. Terribles fueron las escenas que se desarrollaron en Francia cuando el ateísmo ejerció el poder. Entonces el mundo vio que rechazar las restricciones que Dios impuso equivale a aceptar el gobierno de los más crueles y despóticos. Cuando se echa a un lado la norma de justicia, queda abierto el camino para que el príncipe del mal establezca su poder en la tierra.

"Siempre que se rechazan los preceptos divinos, el pecado deja de parecer culpa y la justicia deja de ser deseable. Los que se niegan a someterse al gobierno de Dios son completamente incapaces de gobernarse a sí mismos. Debido a sus enseñanzas perniciosas, se implanta el espíritu de insubordinación en el corazón de los niños y jóvenes, de [hecho] insubordinados, y se obtiene como resultado un estado social donde la anarquía reina soberana. Al paso que se burlan de la credulidad de los que obedecen las exigencias de Dios, las multitudes aceptan con avidez los engaños de Satanás. Se entregan a sus deseos desordenados y practican los pecados que acarrearon los juicios de Dios sobre los paganos.

"Los que le enseñan al pueblo a considerar superficialmente los mandamientos de Dios, siembran la desobediencia para recoger desobediencia. Rechácense enteramente los límites impuestos por la ley divina y pronto se despreciarán las leyes humanas. Los hombres están dispuestos a pisotear la ley de Dios por considerarla como un obstáculo para su prosperidad material, porque ella prohíbe las prácticas deshonestas, la codicia, la mentira y el fraude; pero ellos no se imaginan lo que resultaría de la abolición de los preceptos divinos. Si la ley no tuviera fuerza alguna ¿por qué habría de temerse el transgredirla? La propiedad ya no estaría segura. Cada cual se apoderaría por la fuerza de los bienes de su vecino, y el más fuerte se haría el más rico. Ni siquiera se respetaría la vida. La institución del matrimonio dejaría de ser baluarte sagrado para la protección de la familia. El que pudiera, si así lo desease, tomaría la mujer de su vecino. El quinto mandamiento sería puesto a un lado junto con el cuarto. Los hijos no vacilarían en atentar contra la vida de sus padres, si al hacerlo pudiesen satisfacer los deseos de sus corazones corrompidos. El mundo civilizado se convertiría en una horda de ladrones y asesinos, y la paz, la tranquilidad y la dicha desaparecerían de la tierra.

"La doctrina de que los hombres no están obligados a obedecer los mandamientos de Dios ha debilitado ya el sentimiento de la responsabilidad moral y ha abierto anchas las compuertas para que la iniquidad ahogue el mundo. La licencia, la disipación y la corrupción nos invaden como ola abrumadora. Satanás está trabajando en el seno de las familias. Su bandera ondea hasta en los hogares de los que profesan ser cristianos. En ellos se ven la envidia, las sospechas, la hipocresía, la frialdad, la rivalidad, las disputas, las traiciones y el desenfreno de los apetitos. Todo el sistema de doctrinas y principios religiosos que deberían formar el fundamento y marco de la vida social, parece una mole tambaleante a punto de desmoronarse en ruinas. Los más viles criminales, echados en la cárcel por sus delitos, son a menudo objeto de atenciones y obsequios como si hubiesen llegado a un envidiable grado de distinción. Se da gran publicidad a las particularidades de su carácter y a sus crímenes. La prensa publica los detalles escandalosos del vicio, iniciando así a otros en la práctica del fraude, del robo y del asesinato, y Satanás se regocija del éxito de sus infernales designios. La infatuación del vicio, la criminalidad, el terrible incremento de la intemperancia y de la iniquidad, en toda forma y grado, deberían llamar la atención de todos los que temen a Dios para que vieran lo que podría hacerse para contener el desborde del mal.

"Los tribunales están corrompidos. Los magistrados se dejan llevar por el deseo de las ganancias y el afán de los placeres sensuales. La intemperancia ha obcecado las facultades de muchos, de suerte que Satanás los dirige casi a su gusto. Los juristas se dejan pervertir, sobornar y engañar. La embriaguez y las orgías, la pasión, la envidia, la mala fe bajo todas sus formas se encuentran entre los que administran las leyes. 'La justicia se mantiene a lo lejos, por cuanto la verdad está caída en la calle, y la rectitud no puede entrar.' Isaías 59:14 (VM).

"La iniquidad y las tinieblas espirituales que prevalecieron bajo la supremacía papal fueron resultado inevitable de la supresión de las Sagradas Escrituras. ¿Pero dónde está la causa de la incredulidad general, del rechazamiento de la ley de Dios y de la corrupción consiguiente bajo el pleno resplandor de la luz del evangelio en esta época de libertad religiosa? Ahora que Satanás no puede gobernar al mundo negándole las Escrituras, recurre a otros medios para alcanzar el mismo objeto. Destruir la fe en la Biblia responde tan bien a sus designios como destruir la Biblia misma. Insinuando la creencia de que la ley de Dios no es obligatoria, empuja a los hombres a transgredirla tan seguramente como si ignorasen los preceptos de ella. Y ahora, como en tiempos pasados, obra por intermedio de la iglesia para promover sus fines. Las organizaciones religiosas de nuestros días se han negado a prestar atención a las verdades impopulares claramente enseñadas en las Santas Escrituras, y al combatirlas, han adoptado interpretaciones y asumido actitudes que han sembrado al vuelo las semillas del escepticismo. Aferrándose al error papal de la inmortalidad natural del alma y al del estado consciente de los muertos, han rechazado la única defensa posible contra los engaños del espiritismo. La doctrina de los tormentos eternos ha inducido a muchos a dudar de la Biblia. Y cuando se le presenta al pueblo la obligación de observar el cuarto mandamiento, se ve que ordena reposar en el séptimo día; y como único medio de librarse de un deber que no desean cumplir, muchos de los maestros populares declaran que la ley de Dios no está ya en vigencia. De este modo rechazan al mismo tiempo la ley y el sábado. A medida que adelante la reforma respecto del sábado, esta manera de rechazar la ley divina para evitar la obediencia al cuarto mandamiento se volverá casi universal. Las doctrinas de los caudillos religiosos han abierto la puerta a la incredulidad, al espiritismo y al desprecio de la santa ley de Dios, y sobre ellos descansa una terrible responsabilidad por la iniquidad que existe en el mundo cristiano.

"Sin embargo, esa misma clase de gente asegura que la corrupción que se va generalizando más y más, debe achacarse en gran parte a la violación del así llamado 'día del Señor' (domingo), y que si se hiciese obligatoria la observancia de este día, mejoraría en gran manera la moralidad social. Esto se sostiene especialmente en los Estados Unidos de Norteamérica, donde la doctrina del verdadero día de reposo, o sea el sábado, se ha predicado con más amplitud que en ninguna otra parte. En dicho país la obra de la temperancia que es una de las reformas morales más importantes, va a menudo combinada con el movimiento en favor del domingo, y los defensores de este actúan como si estuviesen trabajando para promover los más altos intereses de la sociedad; de suerte que los que se niegan a unirse con ellos son denunciados como enemigos de la temperancia y de las reformas. Pero la circunstancia de que un movimiento encaminado a establecer un error esté ligado con una obra buena en sí misma, no es un argumento en favor del error. Podemos encubrir un veneno mezclándolo con un alimento sano, pero no por eso cambiamos su naturaleza. Por el contrario, lo hacemos más peligroso, pues se lo tomará con menos recelo. Una de las trampas de Satanás consiste en mezclar con el error una porción suficiente de verdad para cohonestar aquel. Los jefes del movimiento en favor del domingo pueden propagar reformas que el pueblo necesita, principios que estén en armonía con la Biblia; pero mientras mezclen con ellas algún requisito en pugna con la ley de Dios, los siervos de Dios no pueden unirse a ellos. Nada puede autorizarnos a rechazar los mandamientos de Dios para adoptar los preceptos de los hombres."

La Ley de Dios—La Norma en el Juicio

Apocalipsis 14:7, 12

"Diciendo a gran voz: Temed a Dios, y dadle gloria, porque la hora de su juicio ha llegado; y adorad a aquel que hizo el cielo y la tierra, el mar y las fuentes de las aguas."

"Aquí está la paciencia de los santos, los que guardan los mandamientos de Dios y la fe de Jesús."

Romanos 2:12-16

"Porque todos los que sin ley han pecado, sin ley también perecerán; y todos los que bajo la ley han pecado, por la ley serán juzgados; porque no son los oidores de la ley los justos ante Dios, sino los hacedores de la ley serán justificados. Porque cuando los gentiles que no tienen ley, hacen por naturaleza lo que es de la ley, éstos, aunque no tengan ley, son ley para sí mismos, mostrando la obra de la ley escrita en sus corazones, dando testimonio su conciencia, y acusándoles o defendiéndoles sus razonamientos, en el día en que Dios juzgará por Jesucristo los secretos de los hombres, conforme a mi evangelio."

Hebreos 11:6

"Pero sin fe es imposible agradar a Dios; porque es necesario que el que se acerca a Dios crea que le hay, y que es galardonador de los que le buscan."

Romanos 14:23

"Pero el que duda sobre lo que come, es condenado, porque no lo hace con fe; y todo lo que no proviene de fe, es pecado."

Eclesiastés 12:13

"El fin de todo el discurso oído es este: Teme a Dios, y guarda sus mandamientos; porque esto es el todo del hombre."

1 Juan 5:3

"Pues este es el amor a Dios, que guardemos sus mandamientos; y sus mandamientos no son gravosos."

Proverbios 28:9

"El que aparta su oído para no oír la ley, su oración también es abominable."

El Conflicto de los Siglos, p. 431

"La declaración: 'Ha llegado la hora de su juicio.' indica la obra final de la actuación de Cristo para la salvación de los hombres.

Proclama una verdad que debe seguir siendo proclamada hasta el fin de la intercesión del Salvador y su regreso a la tierra para llevar a su pueblo consigo. La obra del juicio que empezó en 1844 debe proseguirse hasta que sean [examinados sus casos] de todos los hombres, tanto de los vivos como de los muertos; de aquí que deba extenderse hasta el fin del tiempo de gracia concedido a la humanidad. Y para que los hombres estén debidamente preparados para subsistir en el juicio, el mensaje les manda: '¡Temed a Dios y dadle gloria,' 'y adorad al que hizo el cielo y la tierra, y el mar y las fuentes de agua!' El resultado de la aceptación de estos mensajes está indicado en las palabras: 'En esto está la paciencia de los santos, los que guardan los mandamientos de Dios, y la fe de Jesús.' Para subsistir ante el juicio tiene el hombre que guardar la ley de Dios. Esta ley será la piedra de toque en el juicio. El apóstol Pablo declara: 'Cuantos han pecado bajo la ley, por la ley serán juzgados; ... en el día en que juzgará Dios las obras más ocultas de los hombres ... por medio de Jesucristo.' Y dice que 'los que cumplen la ley serán justificados.' Romanos 2:12-16 (VM). La fe es esencial para guardar la ley de Dios; pues 'sin fe es imposible agradarle.' Y 'todo lo que no es de fe, es pecado.' Hebreos 11:6 (VM); Romanos 14:23.

"El primer ángel exhorta a los hombres a que teman al Señor y le den honra y a que le adoren como Creador del cielo y de la tierra. Para poder hacerlo, deben obedecer su ley. El sabio dice: 'Teme a Dios, y guarda sus mandamientos; porque esto es la suma del deber humano.' Eclesiastés 12:13 (VM). Sin obediencia a sus mandamientos, ninguna adoración puede agradar a Dios. 'Este es el amor de Dios, que guardemos sus mandamientos.' .El que aparte sus oídos para no escuchar la ley, verá que su oración misma es cosa abominable.' 1 Juan 5:3; Proverbios 28:9 (VM)."

Santiago 2:10-12

"Porque cualquiera que guardare toda la ley, pero ofendiere en un punto, se hace culpable de todos. Porque el que dijo: No cometerás adulterio, también ha dicho: No matarás. Ahora bien, si no cometes adulterio, pero matas, ya te has hecho transgresor de la ley. Así hablad, y así haced, como los que habéis de ser juzgados por la ley de la libertad."

"En el principio era el Verbo, y el Verbo era con Dios, y el Verbo era Dios.
Este era en el principio con Dios. Todas las cosas por él fueron hechas,
y sin él nada de lo que ha sido hecho, fue hecho."
Juan 1:1-3

"La Sagrada Escritura no reconoce largos períodos en los cuales la tierra fue saliendo
lentamente del caos. Acerca de cada día de la creación, las Santas Escrituras
declaran que consistía en una tarde y una mañana, como todos los demás días
que siguieron desde entonces."
Patriarcas y Profetas, p. 103.

Capítulo 5
La Creación

Salmo 33:6-9

"Por la palabra de Jehová fueron hechos los cielos, y todo el ejército de ellos por el aliento de su boca.... Porque él dijo, y fue hecho; él mandó, y existió."

Génesis 1:1-31

"En el principio creó Dios los cielos y la tierra. Y la tierra estaba desordenada y vacía, y las tinieblas estaban sobre la faz del abismo, y el Espíritu de Dios se movía sobre la faz de las aguas.

"Y dijo Dios: Sea la luz; y fue la luz. Y vio Dios que la luz era buena; y separó Dios la luz de las tinieblas. Y llamó Dios a la luz Día, y a las tinieblas llamó Noche. Y fue la tarde y la mañana un día.

"Luego dijo Dios: Haya expansión en medio de las aguas, y separe las aguas de las aguas. E hizo Dios la expansión, y separó las aguas que estaban debajo de la expansión, de las aguas que estaban sobre la expansión. Y fue así. Y llamó Dios a la expansión Cielos. Y fue la tarde y la mañana el día segundo.

"Dijo también Dios: Júntense las aguas que están debajo de los cielos en un lugar, y descúbrase lo seco. Y fue así. Y llamó Dios a lo seco Tierra, y a la reunión de las aguas llamó Mares. Y vio Dios que era bueno.

"Después dijo Dios: Produzca la tierra hierba verde, hierba que dé semilla; árbol de fruto que dé fruto según su género, que su semilla esté en él, sobre la tierra. Y fue así. Produjo, pues, la tierra hierba verde, hierba que da semilla según su naturaleza, y árbol que da fruto, cuya semilla está en él, según su género. Y vio Dios que era bueno. Y fue la tarde y la mañana el día tercero.

"Dijo luego Dios: Haya lumbreras en la expansión de los cielos para separar el día de la noche; y sirvan de señales para las estaciones, para días y años, y sean por lumbreras en la expansión de los cielos para alumbrar sobre la tierra. Y fue así. E hizo Dios las dos grandes lumbreras; la lumbrera mayor para que señorease en el día, y la lumbrera menor para que señorease en la noche; hizo también las estrellas. Y las puso Dios en la expansión de los cielos para alumbrar sobre la tierra, y para señorear en el día y en la noche, y para separar la luz de las tinieblas. Y vio Dios que era bueno. Y fue la tarde y la mañana el día cuarto.

"Dijo Dios: Produzcan las aguas seres vivientes, y aves que vuelen sobre la tierra, en la abierta expansión de los cielos. Y creó Dios los grandes monstruos marinos, y todo ser viviente que se mueve, que las aguas produjeron según su género, y toda ave alada según su especie. Y vio Dios que era bueno. Y Dios los bendijo, diciendo: Fructificad y multiplicaos, y llenad las aguas en los mares, y multiplíquense las aves en la tierra. Y fue la tarde y la mañana el día quinto.

"Luego dijo Dios: Produzca la tierra seres vivientes según su género, bestias y serpientes y animales de la tierra según su especie. Y fue así. E hizo Dios animales de la tierra según su género, y ganado según su género, y todo animal que se arrastra sobre la tierra según su especie. Y vio Dios que era bueno.

"Entonces dijo Dios: Hagamos al hombre a nuestra imagen, conforme a nuestra semejanza; y señoree en los peces del mar, en las aves de los cielos, en las bestias, en toda la tierra, y en todo animal que se arrastra sobre la tierra. Y creó Dios al hombre a su imagen, a imagen de Dios lo creó; varón y hembra los creó. Y los bendijo Dios, y les dijo: Fructificad y multiplicaos; llenad la tierra, y sojuzgadla, y señoread en los peces del mar, en las aves de los cielos, y en todas las bestias que se mueven sobre la tierra.

"Y dijo Dios: He aquí que os he dado toda planta que da semilla, que está sobre toda la tierra, y todo árbol en que hay fruto y que da semilla; os serán para comer. Y a toda bestia de la tierra, y a todas las aves de los cielos, y a todo lo que se arrastra sobre la tierra, en que hay vida, toda planta verde les será para comer. Y fue así. Y vio Dios todo lo que había hecho, y he aquí que era bueno en gran manera. Y fue la tarde y la mañana el día sexto."

Génesis 2:1-3

"Fueron, pues, acabados los cielos y la tierra, y todo el ejército de ellos. Y acabó Dios en el día séptimo la obra que hizo; y reposó el día séptimo de toda la obra que hizo. Y bendijo Dios al día séptimo, y lo santificó, porque en él reposó de toda la obra que había hecho en la creación."

Génesis 2:4-25

"Estos son los orígenes de los cielos y de la tierra cuando fueron creados, el día que Jehová Dios hizo la tierra y los cielos, y toda planta del campo antes que fuese en la tierra, y toda hierba del campo antes que naciese; porque Jehová Dios aún no había hecho llover sobre la tierra, ni había hombre para que labrase la tierra, sino que subía de la tierra un vapor, el cual regaba toda la faz de la tierra.

"Entonces Jehová Dios formó al hombre del polvo de la tierra, y sopló en su nariz aliento de vida, y fue el hombre un ser viviente.

"Y Jehová Dios plantó un huerto en Edén, al oriente; y puso allí al hombre que había formado. Y Jehová Dios hizo nacer de la tierra todo árbol delicioso a la vista, y bueno para comer; también el árbol de vida en medio del huerto, y el árbol de la ciencia del bien y del mal.

"Y salía de Edén un río para regar el huerto, y de allí se repartía en cuatro brazos. El nombre del uno era Pisón; éste es el que rodea toda la tierra de Havila, donde hay oro; y el oro de aquella tierra es bueno; hay allí también bedelio y ónice. El nombre del segundo río es Gihón; éste es el que rodea toda la tierra de Cus. Y el nombre del tercer río es Hidekel; éste es el que va al oriente de Asiria. Y el cuarto río es el Éufrates.

"Tomó, pues, Jehová Dios al hombre, y lo puso en el huerto de Edén, para que lo labrara y lo guardase. Y mandó Jehová Dios al hombre, diciendo: De todo árbol del huerto podrás comer; mas del árbol de la ciencia del bien y del mal no comerás; porque el día que de él comieres, ciertamente morirás.

"Y dijo Jehová Dios: No es bueno que el hombre esté solo; le haré ayuda idónea para él. Jehová Dios formó, pues, de la tierra toda bestia del campo, y toda ave de los cielos, y las trajo a Adán para que viese cómo las había de llamar; y todo lo que Adán llamó a los animales vivientes, ese es su nombre. Y puso Adán nombre a toda bestia y ave de los cielos y a todo ganado del campo; mas para Adán no se halló ayuda idónea para él.

"Entonces Jehová Dios hizo caer sueño profundo sobre Adán, y mientras éste dormía, tomó una de sus costillas, y cerró la carne en su lugar. Y de la costilla que Jehová Dios tomó del hombre, hizo una mujer, y la trajo al hombre. Dijo entonces Adán: Esto es ahora hueso de mis huesos y carne de mi carne; ésta será llamada Varona, porque del varón fue tomada.

"Por tanto, dejará el hombre a su padre y a su madre, y se unirá a su mujer, y serán una sola carne.

"Y estaban ambos desnudos, Adán y su mujer, y no se avergonzaban."

Patriarcas y Profetas, p. 26

"Dios mismo dio a Adán una compañera. Le proveyó de una 'ayuda idónea para él,' alguien que realmente le correspondía, una persona digna y apropiada para ser su compañera y que podría ser una sola cosa con él en amor y simpatía. Eva fue creada de una costilla tomada del costado de Adán; este hecho significa que ella no debía dominarle como cabeza, ni tampoco debía ser humillada y hollada bajo sus plantas como un ser inferior, sino que más bien debía estar a su lado como su igual, para ser amada y protegida por él. Siendo parte del hombre, hueso de sus huesos y carne de su carne, era ella su segundo yo; y quedaba en evidencia la unión íntima y afectuosa que debía existir en esta relación. 'Porque ninguno aborreció jamás a su propia carne, antes la sustenta y [cuida].' 'Por tanto, dejará el hombre a su padre y a su madre, y [se unirá] a su mujer, y serán una sola carne.'"

Patriarcas y Profetas, p. 102

"Así como el sábado, la semana se originó al tiempo de la creación, y fue conservada y transmitida a nosotros a través de la historia bíblica. Dios mismo dio la primera semana como modelo de las subsiguientes hasta el fin de los tiempos. Como las demás, consistió en siete días literales. Se emplearon seis días en la obra de la creación; y en el séptimo, Dios reposó y luego bendijo ese día y lo puso aparte como día de descanso para el hombre."

Patriarcas y Profetas, p. 103

"'Por la palabra de Jehová fueron hechos los cielos, y todo el ejército de ellos por el espíritu de su boca.... Porque él dijo, y fue hecho; él mandó, y existió.' Salmos 33:6, 9. La Sagrada Escritura no reconoce largos períodos en los cuales la tierra fue saliendo lentamente del caos. Acerca de cada día de la creación, las Santas Escrituras declaran que consistía en una tarde y una mañana, como todos los demás días que siguieron desde entonces. Al fin de cada día se da el resultado de la obra del Creador. Y al terminar la narración de la primera semana se dice: 'Estos son los orígenes de los cielos y de la tierra cuando fueron creados.' Génesis 2:4. Pero esto no implica que los días de la creación fueron algo más que días literales. Cada día se llama un origen, porque Dios originó o produjo en él una parte nueva de su obra."

Hebreos 11:3

"Por la fe entendemos haber sido constituido el universo por la palabra de Dios, de modo que lo que se ve fue hecho de lo que no se veía."

Hebreos 1:1, 2

"Dios, habiendo hablado muchas veces y de muchas maneras en otro tiempo a los padres por los profetas, en estos postreros días nos ha hablado por el Hijo, a quien constituyó heredero de todo, y por quien asimismo hizo el universo."

Juan 1:1-3

"En el principio era el Verbo, y el Verbo era con Dios, y el Verbo era Dios. Este era en el principio con Dios. Todas las cosas por él fueron hechas, y sin él nada de lo que ha sido hecho, fue hecho."

Apocalipsis 4:11
"Señor, digno eres de recibir la gloria y la honra y el poder; porque tú creaste todas las cosas, y por tu voluntad existen y fueron creadas."

Apocalipsis 14:6, 7
"Vi volar por en medio del cielo a otro ángel, que tenía el evangelio eterno para predicarlo a los moradores de la tierra, a toda nación, tribu, lengua y pueblo, diciendo a gran voz: Temed a Dios, y dadle gloria, porque la hora de su juicio ha llegado; y adorad a aquel que hizo el cielo y la tierra, el mar y las fuentes de las aguas."

Isaías 40:26
"Levantad en alto vuestros ojos, y mirad quién creó estas cosas; él saca y cuenta su ejército; a todas llama por sus nombres; ninguna faltará; tal es la grandeza de su fuerza, y el poder de su dominio."

Isaías 42:5
"Así dice Jehová Dios, Creador de los cielos, y el que los despliega; el que extiende la tierra y sus productos; el que da aliento al pueblo que mora sobre ella, y espíritu a los que por ella andan."

Isaías 45:8, 12, 18
"Rociad, cielos, de arriba, y las nubes destilen la justicia; ábrase la tierra, y prodúzcanse la salvación y la justicia; hágase brotar juntamente. Yo Jehová lo he creado."

"Yo hice la tierra, y creé sobre ella al hombre. Yo, mis manos, extendieron los cielos, y a todo su ejército mandé."

"Porque así dijo Jehová, que creó los cielos; él es Dios, el que formó la tierra, el que la hizo y la compuso; no la creó en vano, para que fuese habitada la creó: Yo soy Jehová, y no hay otro."

Colosenses 1:16
"Porque en él fueron creadas todas las cosas, las que hay en los cielos y las que hay en la tierra, visibles e invisibles; sean tronos, sean dominios, sean principados, sean potestades; todo fue creado por medio de él y para él."

Éxodo 20:8-11
"Acuérdate del día de reposo para santificarlo. Seis días trabajarás, y harás toda tu obra; mas el séptimo día es reposo para Jehová tu Dios; no hagas en él obra alguna, tú, ni tu hijo, ni tu hija, ni tu siervo, ni tu criada, ni tu bestia, ni tu extranjero que está dentro de tus puertas. Porque en seis días hizo Jehová los cielos y la tierra, el mar, y todas las cosas que en ellos hay, y reposó en el séptimo día; por tanto, Jehová bendijo el día de reposo y lo santificó."

Salmo 104:5
"Él fundó la tierra sobre sus cimientos; no será jamás removida."

Salmo 8:6-8
"Le hiciste señorear sobre las obras de tus manos; todo lo pusiste debajo de sus pies: Ovejas y bueyes, todo ello, y asimismo las bestias del campo, las aves de los cielos y los peces del mar; todo cuanto pasa por los senderos del mar."

Patriarcas y Profetas, p. 54
"'Por la palabra de Jehová fueron hechos los cielos, y todo el ejército de ellos por el espíritu de su boca.... Porque él dijo, y fue hecho; él mandó, y existió.' 'Él fundó la tierra sobre sus basas; no será jamás removida.' Salmos 33:6, 9; 104:5.

"Cuando salió de las manos del Creador, la tierra era sumamente hermosa. La superficie presentaba un aspecto multiforme, con montañas, colinas y llanuras, entrelazadas con magníficos ríos y bellos lagos. Pero las colinas y las montañas no eran abruptas y escarpadas, ni abundaban en ellas declives aterradores, ni abismos espeluznantes como ocurre ahora; las agudas y ásperas cúspides de la rocosa armazón de la tierra estaban sepultadas bajo un suelo fértil, que producía por doquiera una frondosa vegetación verde. No había repugnantes pantanos ni desiertos estériles. Agraciados arbustos y delicadas flores saludaban la vista por dondequiera. Las alturas estaban coronadas con árboles aun más imponentes que los que existen ahora. El aire, limpio de impuros miasmas, era claro y saludable. El paisaje sobrepujaba en hermosura los adornados jardines del más suntuoso palacio de la actualidad. La hueste angélica presenció la escena con deleite, y se regocijó en las maravillosas obras de Dios.

"Una vez creada la tierra con su abundante vida vegetal y animal, fue introducido en el escenario el hombre, corona de la creación para quien la hermosa tierra había sido aparejada. A él se le dio dominio sobre todo lo que sus ojos pudiesen mirar; pues, 'dijo Dios: Hagamos al hombre a nuestra imagen, conforme a nuestra semejanza; y señoree ... en toda la tierra. Y [creó] Dios al hombre a su imagen, ... varón y hembra los [creó].' Génesis 1:26, 27.

"Aquí se expone con claridad el origen de la raza humana; y el relato divino está tan claramente narrado que no da lugar a conclusiones erróneas. Dios creó al hombre conforme a su propia imagen. No hay en esto misterio. No existe fundamento alguno para la suposición de que el hombre llegó a existir mediante un lento proceso evolutivo de las formas bajas de la vida animal o vegetal. Tales enseñanzas rebajan la obra sublime del Creador al nivel de las mezquinas y terrenales concepciones humanas. Los hombres están tan resueltos a excluir a Dios de la soberanía del universo que rebajan al hombre y le privan de la dignidad de su origen. El que colocó los mundos estrellados en la altura y coloreó con delicada maestría las flores del campo, el que llenó la tierra y los cielos con las maravillas de su potencia, cuando quiso coronar su gloriosa obra, colocando a alguien para regir la hermosa tierra, supo crear un ser digno de las manos que le dieron vida. La genealogía de nuestro linaje, como ha sido revelada, no hace remontar su origen a una serie de gérmenes, moluscos o cuadrúpedos, sino al gran Creador. Aunque Adán fue formado del polvo, era el 'hijo de Dios.' Lucas 3:38 (VM)."

"Adán fue colocado como representante de Dios sobre los órdenes de los seres inferiores. Estos no pueden comprender ni reconocer la soberanía de Dios; sin embargo, fueron creados con capacidad de amar y de servir al hombre. El salmista dice: 'Hicístelo enseñorear de las obras de tus manos; todo lo pusiste debajo de sus pies: ... asimismo las bestias del campo; las aves de los cielos, ... todo cuanto pasa por los senderos de la mar.' Salmos 8:6-8."

> "Porque él dijo, y fue hecho; Él mandó, y existió." Salmo 33:9. "Él fundó la tierra sobre sus cimientos; no será jamás removida." Salmo 104:5.

Patriarcas y Profetas, p. 34

"Pero mientras que en la naturaleza todo está gobernado por leyes naturales, solamente el hombre, entre todos los moradores de la tierra, está sujeto a la ley moral. Al hombre, obra maestra de la creación, Dios le dio la facultad de comprender sus requerimientos, para que reconociese la justicia y la benevolencia de su ley y su sagrado derecho sobre él; y del hombre se exige una respuesta obediente."

Salmo 65:6

"Tú, el que afirma los montes con su poder, ceñido de valentía."

Salmo 95:5

"Suyo también el mar, pues él lo hizo; y sus manos formaron la tierra seca."

El Deseado de Todas las Gentes, p. 11

"Al principio, Dios se revelaba en todas las obras de la creación. Fue Cristo quien extendió los cielos y echó los cimientos de la tierra. Fue su mano la que colgó los mundos en el espacio, y modeló las flores del campo. El 'asienta las montañas con su fortaleza,' 'suyo es el mar, pues que él lo hizo.' Fue él quien llenó la tierra de hermosura y el aire con cantos. Y sobre todas las cosas de la tierra, del aire y el cielo, escribió el mensaje del amor del Padre."

"Y vio la mujer que el árbol era bueno para comer, y que era agradable a los ojos, y árbol codiciable para alcanzar la sabiduría; y tomó de su fruto, y comió; y dio también a su marido, el cual comió así como ella."
Génesis 3:6

"Eva creyó realmente las palabras de Satanás, pero esta creencia no la salvó de la pena del pecado. No creyó en las palabras de Dios, y esto la condujo a su caída."
Patriarcas y Profetas, p. 38

Capítulo 6
La Caída del Hombre

Génesis 3:1-24

"Pero la serpiente era astuta, más que todos los animales del campo que Jehová Dios había hecho; la cual dijo a la mujer: ¿Conque Dios os ha dicho: No comáis de todo árbol del huerto?

"Y la mujer respondió a la serpiente: Del fruto de los árboles del huerto podemos comer; pero del fruto del árbol que está en medio del huerto dijo Dios: No comeréis de él, ni le tocaréis, para que no muráis.

"Entonces la serpiente dijo a la mujer: No moriréis; sino que sabe Dios que el día que comáis de él, serán abiertos vuestros ojos, y seréis como Dios, sabiendo el bien y el mal.

"Y vio la mujer que el árbol era bueno para comer, y que era agradable a los ojos, y árbol codiciable para alcanzar la sabiduría; y tomó de su fruto, y comió; y dio también a su marido, el cual comió así como ella. Entonces fueron abiertos los ojos de ambos, y conocieron que estaban desnudos; entonces cosieron hojas de higuera, y se hicieron delantales.

"Y oyeron la voz de Jehová Dios que se paseaba en el huerto, al aire del día; y el hombre y su mujer se escondieron de la presencia de Jehová Dios entre los árboles del huerto.

"Mas Jehová Dios llamó al hombre, y le dijo: ¿Dónde estás tú?

"Y él respondió: Oí tu voz en el huerto, y tuve miedo, porque estaba desnudo; y me escondí.

"Y Dios le dijo: ¿Quién te enseñó que estabas desnudo? ¿Has comido del árbol de que yo te mandé no comieses?

"Y el hombre respondió: La mujer que me diste por compañera me dio del árbol, y yo comí.

"Entonces Jehová Dios dijo a la mujer: ¿Qué es lo que has hecho?

"Y dijo la mujer: La serpiente me engañó, y comí.

"Y Jehová Dios dijo a la serpiente: Por cuanto esto hiciste, maldita serás entre todas las bestias y entre todos los animales del campo; sobre tu pecho andarás, y polvo comerás todos los días de tu vida. Y pondré enemistad entre ti y la mujer, y entre tu simiente y la simiente suya; ésta te herirá en la cabeza, y tú le herirás en el calcañar.

"A la mujer dijo: Multiplicaré en gran manera los dolores en tus preñeces; con dolor darás a luz los hijos; y tu deseo será para tu marido, y él se enseñoreará de ti.

"Y al hombre dijo: Por cuanto obedeciste a la voz de tu mujer, y comiste del árbol de que te mandé diciendo: No comerás de él; maldita será la tierra por tu causa; con dolor comerás de ella todos los días de tu vida. Espinos y cardos te producirá, y comerás plantas del campo. Con el sudor de tu rostro comerás el pan hasta que vuelvas a la tierra, porque de ella fuiste tomado; pues polvo eres, y al polvo volverás.

"Y llamó Adán el nombre de su mujer, Eva, por cuanto ella era madre de todos los vivientes.

"Y Jehová Dios hizo al hombre y a su mujer túnicas de pieles, y los vistió.

"Y dijo Jehová Dios: He aquí el hombre es como uno de nosotros, sabiendo el bien y el mal; ahora, pues, que no alargue su mano, y tome también del árbol de la vida, y coma, y viva para siempre. Y lo sacó Jehová del huerto del Edén, para que labrase la tierra de que fue tomado. Echó, pues, fuera al hombre, y puso al oriente del huerto de Edén querubines, y una espada encendida que se revolvía por todos lados, para guardar el camino del árbol de la vida."

Romanos 5:12
"Por tanto, como el pecado entró en el mundo por un hombre, y por el pecado la muerte, así la muerte pasó a todos los hombres, por cuanto todos pecaron."

Romanos 6:23
"Porque la paga del pecado es muerte, mas la dádiva de Dios es vida eterna en Cristo Jesús Señor nuestro."

Romanos 3:23
"Por cuanto todos pecaron, y están destituidos de la gloria de Dios."

Romanos 7:18
"Y yo sé que en mí, esto es, en mi carne, no mora el bien; porque el querer el bien está en mí, pero no el hacerlo."

Jeremías 17:9
"Engañoso es el corazón más que todas las cosas, y perverso; ¿quién lo conocerá?"

Santiago 1:14, 15
"Sino que cada uno es tentado, cuando de su propia concupiscencia es atraído y seducido. Entonces la concupiscencia, después que ha concebido, da a luz el pecado; y el pecado, siendo consumado, da a luz la muerte."

Patriarcas y Profetas, p. 34
"A nuestros primeros padres no dejó de advertírseles el peligro que les amenazaba. Mensajeros celestiales acudieron a presentarles la historia de la caída de Satanás y sus maquinaciones para destruirlos; para lo cual les explicaron ampliamente la naturaleza del gobierno divino, que el príncipe del mal trataba de derrocar. Fue la desobediencia a los justos mandamientos de Dios lo que ocasionó la caída de Satanás y sus huestes. Cuán importante era, entonces, que Adán y Eva honrasen aquella ley, único medio por el cual es posible mantener el orden y la equidad."

> "Fue la desobediencia a los justos mandamientos de Dios lo que ocasionó la caída de Satanás y sus huestes. Cuán importante era, entonces, que Adán y Eva honrasen aquella ley."

Patriarcas y Profetas, p. 35
"Como los ángeles, los moradores del Edén habían de ser probados. Sólo podían conservar su feliz estado si eran fieles a la ley del Creador. Podían obedecer y vivir, o desobedecer y perecer. Dios los había colmado de ricas bendiciones; pero si ellos menospreciaban su voluntad, Aquel que no perdonó a los ángeles que pecaron no los perdonaría a ellos tampoco: la transgresión los privaría de todos sus dones, y les acarrearía desgracia y ruina.

"Los ángeles amonestaron a Adán y a Eva a que estuviesen en guardia contra las argucias de Satanás; porque sus esfuerzos por tenderles una celada serían infatigables. Mientras fuesen obedientes a Dios, el maligno no podría perjudicarles; pues, si fuese necesario, todos los ángeles del cielo serían enviados en su ayuda. Si ellos rechazaban firmemente sus primeras insinuaciones, estarían tan seguros como los mismos mensajeros celestiales. Pero si cedían a la tentación, su naturaleza se depravaría, y no tendrían en sí mismos poder ni disposición para resistir a Satanás."

Patriarcas y Profetas, pp. 36-40

"Para conseguir lo que quería sin ser advertido, Satanás escogió como medio a la serpiente, disfraz bien adecuado para su proyecto de engaño. La serpiente era en aquel entonces uno de los seres más inteligentes y bellos de la tierra. Tenía alas, y cuando volaba presentaba una apariencia deslumbradora, con el color y el brillo del oro bruñido. Posada en las cargadas ramas del árbol prohibido, mientras comía su delicioso fruto, cautivaba la atención y deleitaba la vista que la contemplaba. Así, en el huerto de paz, el destructor acechaba su presa.

"Los ángeles habían prevenido a Eva que tuviese cuidado de no separarse de su esposo mientras éste estaba ocupado en su trabajo cotidiano en el huerto; estando con él correría menos peligro de caer en tentación que estando sola. Pero distraída en sus agradables labores, inconscientemente se alejó del lado de su esposo. Al verse sola, tuvo un presentimiento del peligro, pero desechó sus temores, diciéndose a sí misma que tenía suficiente sabiduría y poder para comprender el mal y resistirlo. Desdeñando la advertencia de los ángeles, muy pronto se encontró extasiada, mirando con curiosidad y admiración el árbol prohibido. El fruto era bello, y se preguntaba por qué Dios se lo había vedado. Esta fue la oportunidad de Satanás. Como discerniendo sus pensamientos, se dirigió a ella diciendo: '¿Conque Dios os ha dicho: No comáis de todo árbol del huerto?' Véase Génesis 3.

"Eva quedó sorprendida y espantada al oír el eco de sus pensamientos. Pero, con voz melodiosa, la serpiente siguió con sutiles alabanzas de su hermosura; y sus palabras no fueron desagradables a Eva. En lugar de huir de aquel lugar, permaneció en él, maravillada de oír hablar a la serpiente. Si se hubiese dirigido a ella un ser como los ángeles, hubiera sentido temor; pero no se imaginó que la encantadora serpiente pudiera convertirse en instrumento del enemigo caído.

"A la capciosa pregunta de Satanás, Eva contestó: 'Del fruto de los árboles del huerto comemos; mas del fruto del árbol que está en medio del huerto dijo Dios: No comeréis de él, ni le tocaréis, [para que] no muráis. Entonces la serpiente dijo a la mujer: No moriréis; mas sabe Dios que el día que comiereis de él, serán abiertos vuestros ojos, y seréis como dioses sabiendo el bien y el mal.'

"Le dijo que al comer del fruto de este árbol, alcanzarían una esfera de existencia más elevada y entrarían en un campo de sabiduría más amplio. Añadió que él mismo había comido de ese fruto prohibido y como resultado había adquirido el don de la palabra. Insinuó que por egoísmo el Señor no quería que comiesen del fruto, pues entonces se elevarían a la igualdad con él. Manifestó Satanás que Dios les había prohibido que gustasen del fruto de aquel árbol o que lo tocasen, debido a las maravillosas propiedades que tenía de dar sabiduría y poder. El tentador afirmó que jamás llegaría a cumplirse la divina advertencia; que les fue hecha meramente para intimidarlos. ¿Cómo sería posible que ellos muriesen? ¿No habían comido del árbol de la vida? Agregó el tentador que Dios estaba tratando de impedirles alcanzar un desarrollo superior y mayor felicidad.

"Tal ha sido la labor que Satanás ha llevado adelante con gran éxito, desde los días de Adán hasta el presente. Tienta a los hombres a desconfiar del amor de Dios y a dudar de su sabiduría. Constantemente pugna por despertar en los seres humanos un espíritu de curiosidad irreverente, un inquieto e inquisitivo deseo de penetrar en los inescrutables secretos del poder y la sabiduría de Dios. En sus esfuerzos por escudriñar aquello que Dios tuvo a bien ocultarnos, muchos pasan por alto las verdades eternas que nos ha revelado y que son esenciales para nuestra salvación. Satanás induce a los hombres a la desobediencia llevándoles a creer que entran en un admirable campo de conocimiento. Pero todo esto es un engaño. Ensoberbecidos por sus ideas de progreso, pisotean los requerimientos de Dios, caminando por la ruta que los lleva a la degradación y a la muerte."

> *"En sus esfuerzos por escudriñar aquello que Dios tuvo a bien ocultarnos, muchos pasan por alto las verdades eternas que nos ha revelado y que son esenciales para nuestra salvación."*

"Satanás hizo creer a la santa pareja que ellos se beneficiarían violando la ley de Dios. ¿No oímos hoy día razonamientos semejantes? Muchos hablan de la estrechez de los que obedecen los mandamientos de Dios, mientras pretenden tener ideas más amplias y gozar de mayor libertad. ¿Qué es esto sino el eco de la voz del Edén: 'El día que comiereis de él,' es decir, el día que violareis el divino mandamiento, 'seréis como dioses'? Satanás aseveró haber recibido grandes beneficios por haber comido del fruto prohibido, pero nunca dejó ver que por la transgresión había sido desechado del cielo. Aunque había comprobado que el pecado acarrea una pérdida infinita, ocultó su propia desgracia para atraer a otros a la misma situación. Así también el pecador trata de disfrazar su verdadero carácter; puede pretender ser santo, pero su elevada profesión sólo hace de él un embaucador tanto más peligroso. Está del lado de Satanás y al hollar la ley de Dios e inducir a otros a hacer lo mismo, los lleva hacia la ruina eterna.

"Eva creyó realmente las palabras de Satanás, pero esta creencia no la salvó de la pena del pecado. No creyó en las palabras de Dios, y esto la condujo a su caída. En el juicio final, los hombres no serán condenados porque creyeron concienzudamente una mentira, sino porque no creyeron la verdad, porque descuidaron la oportunidad de aprender la verdad. No obstante, los sofismas con que Satanás trata de establecer lo contrario, siempre es desastroso desobedecer a Dios. Debemos aplicar nuestros corazones a buscar la verdad. Todas las lecciones que Dios mandó registrar en su Palabra son para nuestra advertencia e instrucción. Fueron escritas para salvarnos del engaño. El descuidarlas nos traerá la ruina. Podemos estar seguros de que todo lo que contradiga la Palabra de Dios procede de Satanás.

"La serpiente tomó del fruto del árbol prohibido y lo puso en las manos vacilantes de Eva. Entonces le recordó sus propias palabras referentes a que Dios les había prohibido tocarlo, [a] pena de muerte. Le manifestó que no recibiría más daño de comer el fruto que de tocarlo. No experimentando ningún mal resultado por lo que había hecho, Eva se atrevió a más. Vió 'que el árbol era bueno para comer, y que era agradable a los ojos, y árbol codiciable para alcanzar la sabiduría; y tomó de su fruto, y comió.' Era agradable al paladar, y a medida que comía, parecía sentir una fuerza vivificante, y se figuró que entraba en un estado más elevado de existencia. Sin temor, tomó el fruto y lo comió.

"Y ahora, habiendo pecado, ella se convirtió en el agente de Satanás para labrar la ruina de su esposo. Con extraña y anormal excitación, y con las manos llenas del fruto prohibido, lo buscó y le relató todo lo que había ocurrido.

"Una expresión de tristeza cubrió el rostro de Adán. Quedó atónito y alarmado. A las palabras de Eva contestó que ése debía ser el enemigo contra quien se los había prevenido; y que conforme a la sentencia divina ella debía morir. En contestación, Eva le instó a comer, repitiendo el aserto de la serpiente de que no morirían. Alegó que las palabras de la serpiente debían ser ciertas puesto que no sentía ninguna evidencia del desagrado de Dios; sino que, al contrario, experimentaba una deliciosa y alborozante influencia, que conmovía todas sus facultades con una nueva vida, que le parecía semejante a la que inspiraba a los mensajeros celestiales.

"Adán comprendió que su compañera había violado el mandamiento de Dios, menospreciando la única prohibición que les había sido puesta como una prueba de su fidelidad y amor. Se desató una terrible lucha en su mente. Lamentó haber dejado a Eva separarse de su lado. Pero ahora el error estaba cometido; debía separarse de su compañía, que le había sido de tanto gozo. ¿Cómo podría hacer eso?

"Adán había gozado el compañerismo de Dios y de los santos ángeles. Había contemplado la gloria del Creador. Comprendía el elevado destino que aguardaba al linaje humano si los hombres permanecían fieles a Dios. Sin embargo, se olvidó de todas estas bendiciones ante el temor de perder el don que apreciaba más que todos los demás. El amor, la gratitud y la lealtad al Creador, todo fue sofocado por amor a Eva. Ella era parte de sí mismo, y Adán no podía soportar la idea de una separación. No alcanzó a comprender que el mismo Poder infinito que lo había creado del polvo de la tierra y hecho de él un ser viviente de hermosa forma y que, como demostración de su amor, le había dado una compañera, podía muy bien proporcionarle otra. Adán resolvió compartir la suerte de Eva; si ella debía morir, él moriría con ella. Al fin y al cabo, se dijo Adán, ¿no podrían ser verídicas las palabras de la sabia serpiente? Eva estaba ante él, tan bella y aparentemente tan inocente como antes de su desobediencia. Le expresaba mayor amor que antes. Ninguna señal de muerte se notaba en ella, y así decidió hacer frente a las consecuencias. Tomó el fruto y lo comió apresuradamente.

***Patriarcas y Profetas*, pp. 41, 42**
"Pero el gran Legislador iba a dar a conocer a Adán y a Eva las consecuencias de su pecado. La presencia divina se manifestó en el huerto. En su anterior estado de inocencia y santidad solían dar alegremente la bienvenida a la presencia de su Creador; pero ahora huyeron aterrorizados, y se escondieron en el lugar más apartado del huerto. 'Y llamó Jehová Dios al hombre, y le dijo: ¿Dónde estás tú? Y él respondió: Oí tu voz en el huerto, y tuve miedo, porque estaba desnudo; y escondíme. Y díjole: ¿Quién te enseñó que estabas desnudo? ¿Has comido del árbol de que yo te mandé no comieses?'

"Adán no podía negar ni disculpar su pecado; pero en vez de mostrar arrepentimiento, culpó a su esposa, y de esa manera al mismo Dios: 'La mujer que me *diste* por compañera me dio del árbol, y yo comí.' El que por amor a Eva había escogido deliberadamente perder la aprobación de Dios, su hogar en el paraíso y una vida de eterno regocijo, ahora después de su caída culpó de su transgresión a su compañera y aun a su mismo Creador. Tan terrible es el poder del pecado.

"Cuando la mujer fue interrogada: '¿Qué es lo que has hecho?' contestó: 'La serpiente me engañó, y comí.' '¿Por qué creaste la serpiente? ¿Por qué la dejaste entrar en Edén?' Estas eran las preguntas implícitas en sus disculpas por su pecado. Así como Adán, ella culpó a Dios por su caída. El espíritu de auto justificación se originó en el padre de la mentira; lo manifestaron nuestros primeros padres tan pronto como se sometieron a la influencia de Satanás, y se ha visto en todos los hijos e hijas de Adán. En vez de confesar humildemente su pecado, tratan de justificarse culpando a otros, a las circunstancias, a Dios, y hasta murmuran contra las bendiciones divinas.

"El Señor sentenció entonces a la serpiente: 'Por cuanto esto hiciste, maldita serás entre todas las bestias y entre todos los animales del campo; sobre tu pecho andarás, y polvo comerás todos los días de tu vida.' Puesto que la serpiente había sido el instrumento de Satanás, compartiría con él la pena del juicio divino. Después de ser la más bella y admirada criatura del campo, iba a ser la más envilecida y detestada de todas, temida y odiada tanto por el hombre como por los animales. Las palabras dichas a la serpiente se aplican directamente al mismo Satanás y señalan su derrota y destrucción final: 'Y enemistad pondré entre ti y la mujer, y entre tu simiente y la simiente suya; ésta te herirá en la cabeza, y tú le herirás en el calcañar.'

"A Eva se le habló de la tristeza y los dolores que sufriría. Y el Señor dijo: 'A tu marido será tu deseo, y él se enseñoreará de ti.' En la creación Dios la había hecho igual a Adán. Si hubiesen permanecido obedientes a Dios, en concordancia con su gran ley de amor, siempre hubieran estado en mutua armonía; pero el pecado había traído discordia, y ahora la unión y la armonía podían mantenerse sólo mediante la sumisión del uno o del otro. Eva había sido la primera en pecar, había caído en tentación por haberse separado de su compañero, contrariando la instrucción divina. Adán pecó a sus instancias, y ahora ella fue puesta en sujeción a su marido. Si los principios prescritos por la ley de Dios hubieran sido apreciados por la humanidad caída, esta sentencia, aunque era consecuencia del pecado, hubiera resultado en bendición para ellos; pero el abuso de parte del hombre de la supremacía que se le dio, a menudo ha hecho muy amarga la suerte de la mujer y ha convertido su vida en una carga."

Patriarcas y Profetas, p. 43

"Dios manifestó a Adán: 'Por cuanto obedeciste a la voz de tu mujer, y comiste del árbol de que te mandé diciendo, No comerás de él; maldita será la tierra por amor de ti; con dolor comerás de ella todos los días de tu vida; espinos y cardos te producirá, y comerás hierba del campo; en el sudor de tu rostro comerás el pan hasta que vuelvas a la tierra; porque de ella fuiste tomado: pues polvo eres, y al polvo serás tornado.'

"Era voluntad de Dios que la inmaculada pareja no conociese absolutamente nada de lo malo. Les había dado abundantemente el bien, y vedado el mal. Pero, contra su mandamiento, habían comido del fruto prohibido, y ahora continuarían comiéndolo y conocerían el mal todos los días de su vida. Desde entonces el linaje humano sufriría las asechanzas de Satanás. En lugar de las agradables labores que se les habían asignado hasta entonces, la ansiedad y el trabajo serían su suerte. Estarían sujetos a desengaños, aflicciones, dolor, y al fin, a la muerte.

"Bajo la maldición del pecado, toda la naturaleza daría al hombre testimonio del carácter y las consecuencias de la rebelión contra Dios. Cuando Dios creó al hombre lo hizo señor de toda la tierra y de cuantos seres la habitaban. Mientras Adán permaneció leal a Dios, toda la naturaleza se mantuvo bajo su señorío. Pero cuando se rebeló contra la ley divina, las criaturas inferiores se rebelaron contra su dominio. Así el Señor, en su gran misericordia, quiso enseñar al hombre la santidad de su ley e inducirle a ver por su propia experiencia el peligro de hacerla a un lado, aun en lo más mínimo."

Génesis 2:17
"Mas del árbol de la ciencia del bien y del mal no comerás; porque el día que de él comieres, ciertamente morirás."

Patriarcas y Profetas, p. 44
"La advertencia hecha a nuestros primeros padres: 'Porque el día que de él comieres, morirás' (Génesis 2:17), no significaba que morirían el mismo día en que comiesen del fruto prohibido, sino que ese día sería dictada la irrevocable sentencia. La inmortalidad les había sido prometida bajo condición de que fueran obedientes; pero mediante la transgresión perderían su derecho a la vida eterna. El mismo día en que pecaran serían condenados a muerte."

Patriarcas y Profetas, p. 45, 46
"A Eva le pareció de poca importancia desobedecer a Dios al probar el fruto del árbol prohibido y al tentar a su esposo a que pecara también; pero su pecado inició la inundación del dolor sobre el mundo. ¿Quién puede saber, en el momento de la tentación, las terribles consecuencias de un solo mal paso? ...

"Después de su pecado, Adán y Eva no pudieron seguir morando en el Edén. Suplicaron fervientemente a Dios que les permitiese permanecer en el hogar de su inocencia y regocijo. Confesaron que habían perdido todo derecho a aquella feliz morada, y prometieron prestar estricta obediencia a Dios en el futuro. Pero se les dijo que su naturaleza se había depravado por el pecado, que había disminuido su poder para resistir al mal, y que habían abierto la puerta para qué Satanás tuviera más fácil acceso a ellos. Si siendo inocentes habían cedido a la tentación; ahora, en su estado de consciente culpabilidad, tendrían menos fuerza para mantener su integridad.

"Con humildad e inenarrable tristeza se despidieron de su bello hogar, y fueron a morar en la tierra, sobre la cual descansaba la maldición del pecado. La atmósfera, de temperatura antes tan suave y uniforme, estaba ahora sujeta a grandes cambios, y misericordiosamente, el Señor les proveyó de vestidos de pieles para protegerlos de los extremos del calor y del frío."

Colosenses 2:3
"En quien están escondidos todos los tesoros de la sabiduría y del conocimiento."

El Camino a Cristo, p. 17
"El hombre estaba dotado originalmente de facultades nobles y de un entendimiento bien equilibrado. Era perfecto y estaba en armonía con Dios. Sus pensamientos eran puros, sus designios santos. Pero por la desobediencia, sus facultades se pervirtieron y el egoísmo reemplazó el amor. Su naturaleza quedó tan debilitada por la transgresión que ya no pudo, por su propia fuerza, resistir el poder del mal.

Fue hecho cautivo por Satanás, y hubiera permanecido así para siempre si Dios no hubiese intervenido de una manera especial. El tentador quería desbaratar el propósito que Dios había tenido cuando creó al hombre. Así llenaría la tierra de sufrimiento y desolación y luego señalaría todo ese mal como resultado de la obra de Dios al crear al hombre.

"En su estado de inocencia, el hombre gozaba de completa comunión con Aquel 'en quien están escondidos todos los tesoros de la sabiduría y de la ciencia.' Pero después de su caída no pudo encontrar gozo en la santidad y procuró ocultarse de la presencia de Dios. Tal es aún la condición del corazón que no ha sido regenerado. No está en armonía con Dios ni encuentra gozo en la comunión con Él. El pecador no podría ser feliz en la presencia de Dios; le desagradaría la compañía de los seres santos. Y si se le pudiese admitir en el cielo, no hallaría placer allí. El espíritu de amor abnegado que reina allí, donde todo corazón corresponde al Corazón del amor infinito, no haría vibrar en su alma cuerda alguna de simpatía. Sus pensamientos, sus intereses y móviles serían distintos de los que mueven a los moradores celestiales. Sería una nota discordante en la melodía del cielo. Este sería para él un lugar de tortura. Ansiaría esconderse de la presencia de Aquel que es su luz y el centro de su gozo. No es un decreto arbitrario de parte de Dios el que excluye del cielo a los impíos. Ellos mismos se han cerrado las puertas por su propia ineptitud para el compañerismo que allí reina. La gloria de Dios sería para ellos un fuego consumidor. Desearían ser destruidos a fin de ocultarse del rostro de Aquel que murió para salvarlos."

"Porque los que viven saben que han de morir; pero los muertos nada saben,
ni tienen más paga; porque su memoria es puesta en olvido."
Eclesiastés 9:5

"En el error fundamental de la inmortalidad natural, descansa la doctrina del estado
consciente de los muertos, doctrina que, como la de los tormentos eternos,
está en pugna con las enseñanzas de las Sagradas Escrituras, con los dictados de la razón
y con nuestros sentimientos de humanidad."
El Conflicto de los Siglos, p. 533

Capítulo 7
La No Mortalidad de los Impíos

Ezequiel 18:4
"He aquí que todas las almas son mías; como el alma del padre, así el alma del hijo es mía; el alma que pecare, esa morirá."

1 Samuel 28:6
"Y consultó Saúl a Jehová; pero Jehová no le respondió ni por sueños, ni por Urim, ni por profetas."

1 Crónicas 10:13, 14
"Así murió Saúl por su rebelión con que prevaricó contra Jehová, contra la palabra de Jehová, la cual no guardó, y porque consultó a una adivina, y no consultó a Jehová; por esta causa lo mató, y traspasó el reino a David hijo de Isaí."

Isaías 8:19
"Y si os dijeren: Preguntad a los encantadores y a los adivinos, que susurran hablando, responded: ¿No consultará el pueblo a su Dios? ¿Consultará a los muertos por los vivos?"

Números 25:1-3
"Moraba Israel en Sitim; y el pueblo empezó a fornicar con las hijas de Moab, las cuales invitaban al pueblo a los sacrificios de sus dioses; y el pueblo comió, y se inclinó a sus dioses. Así acudió el pueblo a Baal-peor; y el furor de Jehová se encendió contra Israel."

Salmo 106:28
"Se unieron asimismo a Baal-peor, y comieron los sacrificios de los muertos."

Patriarcas y Profetas, pp. 671-673

"El relato que hace la Escritura de la visita de Saúl a la mujer de Endor, ha ocasionado perplejidad a muchos estudiantes de la Biblia. Algunos sostienen que Samuel estuvo realmente presente en la entrevista con Saúl, pero la Biblia misma suministra bases suficientes para llegar a una conclusión contraria. Si, como algunos alegan, Samuel hubiera estado en el cielo, habría sido necesario hacerle bajar de allí, ya sea por el poder de Dios o por el poder de Satanás. Nadie puede creer que Satanás tenía poder para hacerlo bajar del cielo al santo profeta de Dios para honrar las hechicerías de una mujer impía. Tampoco podemos concluir que Dios lo mandó a la cueva de la bruja; pues el Señor ya se había negado a comunicarse con Saúl por medio de sueños, del Urim [luz del pectoral], o por medio de los profetas. 1 Samuel 28:6. Estos eran los medios designados por Dios para comunicarse con su pueblo, y no los iba a pasar por alto para dar un mensaje por medio de un agente de Satanás.

"El mensaje mismo da suficiente evidencia de su origen. Su objeto no era guiar a Saúl al arrepentimiento, sino más bien llevarlo a la destrucción; y tal no es la obra de Dios, sino la de Satanás. Además, el acto de Saúl al consultar a una hechicera se cita en la Escritura como una de las razones por las cuales fue rechazado por Dios y entregado a la destrucción: 'Así murió Saúl a causa de su rebelión con que pecó contra Jehová, contra la palabra de Jehová, la cual no guardó, y porque consultó a una adivina, y no consultó a Jehová;

por esta causa lo mató, y traspasó el reino a David hijo de Isaí.' 1 Crónicas 10:13, 14. Este pasaje dice claramente que Saúl interrogó 'a una adivina' o espíritu malo, y no al Espíritu del Señor. No se comunicó con Samuel, el profeta de Dios; sino que por medio de la hechicera se comunicó con Satanás. Este no podía presentar al verdadero Samuel, pero sí presentó uno falso, que le sirvió para llevar a cabo sus propósitos de engaño.

"Casi todas las formas de la hechicería y brujería antiguas se fundaban en la creencia de que es posible comunicarse con los muertos. Los que practicaban las artes de la necromancia aseveraban tener relaciones con los espíritus de los difuntos, y obtener de ellos un conocimiento de los acontecimientos futuros. A esta costumbre de consultar a los muertos se alude en la profecía de Isaías: 'Si os dicen: Preguntad a los encantadores y a los adivinos, que susurran hablando', responded: '¿No consultará el pueblo a su Dios? ¿Consultará a los muertos por los vivos?' Isaías 8:19.

"Esta misma creencia en la posibilidad de comunicarse con los muertos era la piedra angular de la idolatría pagana. Se creía que los dioses de los paganos eran los espíritus deificados de héroes desaparecidos. La religión de los paganos era así un culto a los muertos. Las Escrituras lo evidencian. Al relatar el pecado de Israel en Bet-peor nos dice: 'Israel estaba en Sitim cuando el pueblo empezó a prostituirse con las hijas de Moab, las cuales invitaban al pueblo a los sacrificios de sus dioses; el pueblo comió y se inclinó a sus dioses. Así acudió el pueblo a Baal-peor, y el furor de Jehová se encendió contra Israel.' Números 25:1-3. El salmista nos dice a qué clase de dioses eran ofrecidos esos sacrificios. Hablando de la misma apostasía de los israelitas, dice: '[Se unieron] asimismo a Baal-peor, y *comieron los sacrificios de los muertos*' (Salmos 106:28), es decir, sacrificios que habían sido ofrecidos a los difuntos.

"La deificación de los muertos ocupaba un lugar preeminente en casi todo sistema pagano, como también lo ocupaba la supuesta comunión con los muertos. Se creía que los dioses comunicaban su voluntad a los hombres, y que, cuando los consultaban, les daban consejos. De esta índole eran los famosos oráculos de Grecia y de Roma.

"La creencia en la comunión con los muertos es aceptada aún en nuestra época, hasta entre los pueblos que profesan ser cristianos. Bajo el nombre de espiritismo, la práctica de comunicarse con seres que dicen ser los espíritus de los desaparecidos se ha generalizado mucho. Tiende a conquistar la simpatía de quienes perdieron seres queridos. A veces se presentan a ciertas personas seres espirituales en la forma de sus amigos difuntos, y les describen incidentes relacionados con la vida de ellos, o realizan actos que ejecutaban mientras vivían. En esta forma inducen a los hombres a creer que sus amigos difuntos son ángeles, que se ciernen sobre ellos y se comunican con ellos. Los seres que son así considerados como espíritus de los desaparecidos, son mirados con cierta idolatría, y para muchos la palabra de ellos tiene más peso que la palabra de Dios."

Apocalipsis 12:10-12

"Entonces oí una gran voz en el cielo, que decía: Ahora ha venido la salvación, el poder, y el reino de nuestro Dios, y la autoridad de su Cristo; porque ha sido lanzado fuera el acusador de nuestros hermanos, el que los acusaba delante de nuestro Dios día y noche. Y ellos le han vencido por medio de la sangre del Cordero y de la palabra del testimonio de ellos, y menospreciaron sus vidas hasta la muerte. Por lo cual alegraos, cielos, y los que moráis en ellos. ¡Ay de los moradores de la tierra y del mar! porque el diablo ha descendido a vosotros con gran ira, sabiendo que tiene poco tiempo."

Marcos 14:38
"Velad y orad, para que no entréis en tentación; el espíritu a la verdad está dispuesto, pero la carne es débil."

Levítico 19:31
"No os volváis a los encantadores ni a los adivinos; no los consultéis, contaminándoos con ellos. Yo Jehová vuestro Dios."

Deuteronomio 18:12
"Porque es abominación para con Jehová cualquiera que hace estas cosas, y por estas abominaciones Jehová tu Dios echa estas naciones de delante de ti."

Patriarcas y Profetas, **p. 745**
"Satanás estaba resuelto a seguir dominando la tierra de Canaán, y cuando ella fue hecha morada de los hijos de Israel, y la ley de Dios fue hecha la norma de esa tierra, aborreció a Israel con un odio cruel y maligno, y tramó su destrucción. Por medio de los espíritus malignos, se introdujeron dioses extraños; y a causa de la transgresión, el pueblo escogido fue finalmente echado de la tierra prometida y dispersado.

"Hoy procura Satanás repetir esta historia. Dios está apartando a sus hijos de las abominaciones del mundo, para que puedan guardar su ley; y a causa de esto, la ira del 'acusador de nuestros hermanos' no tiene límite. 'Porque el diablo ha descendido a vosotros, teniendo grande ira, sabiendo que tiene poco tiempo.' Apocalipsis 12:10, 12. La verdadera tierra de promisión está delante de nosotros, y Satanás está resuelto a destruir al pueblo de Dios, y privarlo de su herencia. Nunca fue más necesario que hoy oír la advertencia: 'Velad y orad, para que no entréis en tentación.' Marcos 14:38.

Las palabras que el Señor dirigió al antiguo Israel se dirigen también a su pueblo en esta época: 'No os volváis a los encantadores y a los adivinos: no los consultéis ensuciándoos en ellos,' 'porque es abominación a Jehová cualquiera que hace estas cosas.' Levítico 19:31; Deuteronomio 18:12."

Génesis 2:17
"Mas del árbol de la ciencia del bien y del mal no comerás; porque el día que de él comieres, ciertamente morirás."

Génesis 3:19
"Con el sudor de tu rostro comerás el pan hasta que vuelvas a la tierra, porque de ella fuiste tomado; pues polvo eres, y al polvo volverás."

Génesis 3:5
"Sino que sabe Dios que el día que comáis de él, serán abiertos vuestros ojos, y seréis como Dios, sabiendo el bien y el mal."

Romanos 5:12
"Por tanto, como el pecado entró en el mundo por un hombre, y por el pecado la muerte, así la muerte pasó a todos los hombres, por cuanto todos pecaron."

2 Timoteo 1:10
"Pero que ahora ha sido manifestada por la aparición de nuestro Salvador Jesucristo, el cual quitó la muerte y sacó a luz la vida y la inmortalidad por el evangelio."

Juan 3:36
"El que cree en el Hijo tiene vida eterna; pero el que rehúsa creer en el Hijo no verá la vida, sino que la ira de Dios está sobre él."

Romanos 2:7
"Vida eterna a los que, perseverando en bien hacer, buscan gloria y honra e inmortalidad."

El Conflicto de los Siglos, p. 522, 523
"Pero ¿cómo comprendió Adán, después de su pecado, el sentido de las siguientes palabras: 'En el día que comieres de él de seguro morirás'? ¿Comprendió que significaban lo que Satanás le había inducido a creer, que iba a ascender a un grado más alto de existencia? De haber sido así, habría salido ganando con la transgresión, y Satanás habría resultado en bienhechor de la raza. Pero Adán comprobó que no era tal el sentido de la declaración divina. Dios sentenció al hombre, en castigo por su pecado, a volver a la tierra de donde había sido tomado: 'Polvo eres, y al polvo volverás.' Vers. 19 (RV95). Las palabras de Satanás: 'Vuestros ojos serán abiertos' resultaron ser verdad, pero solo del modo siguiente: después de que Adán y Eva hubieron desobedecido a Dios, sus ojos fueron abiertos y pudieron discernir su locura; conocieron entonces lo que era el mal y probaron el amargo fruto de la transgresión.

"En medio del Edén crecía el árbol de la vida, cuyo fruto tenía el poder de perpetuar la vida, Si Adán hubiese permanecido obediente a Dios, habría seguido gozando de libre acceso a aquel árbol y habría vivido eternamente. Pero en cuanto hubo pecado, quedó privado de comer del árbol de la vida y sujeto a la muerte. La sentencia divina: 'Polvo eres, y al polvo volverás,' entraña la extinción completa de la vida.

"La inmortalidad prometida al hombre a condición de que obedeciera, se había perdido por la transgresión. Adán no podía transmitir a su posteridad lo que ya no poseía; y no habría quedado esperanza para la raza caída, si Dios, por el sacrificio de su Hijo, no hubiese puesto la inmortalidad a su alcance. Como 'la muerte así pasó a todos los hombres, pues que todos pecaron', Cristo 'sacó a la luz la vida y la inmortalidad por el evangelio.' Romanos 5:12; 2 Timoteo 1:10. Y solo por Cristo puede obtenerse la inmortalidad. Jesús dijo: 'El que cree en el Hijo, tiene vida eterna, más el que es incrédulo al Hijo, no verá la vida'. Juan 3:36. Todo hombre puede adquirir un bien tan inestimable si consiente en someterse a las condiciones necesarias. Todos 'los que perseverando en bien hacer, buscan gloria y honra e inmortalidad,' recibirán 'la vida eterna.' Romanos 2:7."

> *"Dios sentenció al hombre, en castigo por su pecado, a volver a la tierra de donde había sido tomado: 'Polvo eres, y al polvo volverás.'"*

El Conflicto de los Siglos, p. 524
"Pero después de la caída, Satanás ordenó a sus ángeles que hicieran un esfuerzo especial para inculcar la creencia de la inmortalidad natural del hombre; y después de haber inducido a la gente a aceptar este error, debían llevarla a la conclusión de que el pecador viviría en penas eternas. Ahora el príncipe de las tinieblas, obrando por conducto de sus agentes, representa a Dios como un tirano vengativo, y declara que arroja al infierno a todos aquellos que no le agradan, que les hace

sentir eternamente los efectos de su ira, y que mientras ellos sufren tormentos indecibles y se retuercen en las llamas eternas, su Creador los mira satisfecho.

"Así es como el gran enemigo reviste con sus propios atributos al Creador y Bienhechor de la humanidad. La crueldad es satánica. Dios es amor, y todo lo que él creó era puro, santo, y amable, hasta que el pecado fue introducido por el primer gran rebelde. Satanás mismo es el enemigo que tienta al hombre y lo destruye luego si puede; y cuando se ha adueñado de su víctima se alaba de la ruina que ha causado. Si ello le fuese permitido prendería a toda la raza humana en sus redes. Si no fuese por la intervención del poder divino, ni hijo ni hija de Adán escaparían.

"Hoy día Satanás está tratando de vencer a los hombres, como venció a nuestros primeros padres, debilitando su confianza en el Creador e induciéndoles a dudar de la sabiduría de su gobierno y de la justicia de sus leyes. Satanás y sus emisarios representan a Dios como peor que ellos, para justificar su propia perversidad y su rebeldía. El gran seductor se esfuerza en atribuir su propia crueldad a nuestro Padre celestial, a fin de darse por muy perjudicado con su expulsión del cielo por no haber querido someterse a un soberano tan injusto. Presenta al mundo la libertad de que gozaría bajo su dulce cetro, en contraposición con la esclavitud impuesta por los severos decretos de Jehová. Es así como logra sustraer a las almas de la sumisión a Dios."

Apocalipsis 14:8
"Otro ángel le siguió, diciendo: Ha caído, ha caído Babilonia, la gran ciudad, porque ha hecho beber a todas las naciones del vino del furor de su fornicación."

Apocalipsis 17:2
"Con la cual han fornicado los reyes de la tierra, y los moradores de la tierra se han embriagado con el vino de su fornicación."

El Conflicto de los Siglos, p. 526
"La teoría de las penas eternas es una de las falsas doctrinas que constituyen el vino de las abominaciones de Babilonia, del cual ella da de beber a todas las naciones. Apocalipsis 14:8; 17:2. Es verdaderamente inexplicable que los ministros de Cristo hayan aceptado esta herejía y la hayan proclamado desde el púlpito. La recibieron de Roma, como de Roma también recibieron el falso día de reposo. Es cierto que dicha herejía ha sido enseñada por hombres piadosos y eminentes, pero la luz sobre este asunto no les había sido dada como a nosotros. Eran responsables tan solo por la luz que brillaba en su tiempo; nosotros tenemos que responder por la que brilla en nuestros días. Si nos alejamos del testimonio de la Palabra de Dios y aceptamos falsas doctrinas porque nuestros padres las enseñaron, caemos bajo la condenación pronunciada contra Babilonia; estamos bebiendo del vino de sus abominaciones."

Hechos 24:15
"Teniendo esperanza en Dios, la cual ellos también abrigan, de que ha de haber resurrección de los muertos, así de justos como de injustos."

1 Corintios 15:22
"Porque así como en Adán todos mueren, también en Cristo todos serán vivificados."

Juan 5:28, 29
"No os maravilléis de esto; porque vendrá hora cuando todos los que están en los sepulcros oirán su voz; y los que hicieron lo bueno, saldrán a resurrección de vida; mas

los que hicieron lo malo, a resurrección de condenación."

Apocalipsis 20:6
"Bienaventurado y santo el que tiene parte en la primera resurrección; la segunda muerte no tiene potestad sobre éstos, sino que serán sacerdotes de Dios y de Cristo, y reinarán con él mil años."

Romanos 6:23
"Porque la paga del pecado es muerte, mas la dádiva de Dios es vida eterna en Cristo Jesús Señor nuestro."

Apocalipsis 20:13
"Y el mar entregó los muertos que había en él; y la muerte y el Hades entregaron los muertos que había en ellos; y fueron juzgados cada uno según sus obras."

Salmo 37:10
"Pues de aquí a poco no existirá el malo; observarás su lugar, y no estará allí."

Abadías 16
"De la manera que vosotros bebisteis en mi santo monte, beberán continuamente todas las naciones; beberán, y engullirán, y serán como si no hubieran sido."

Salmo 9:5, 6
"Reprendiste a las naciones, destruiste al malo, borraste el nombre de ellos eternamente y para siempre. Los enemigos han perecido; han quedado desolados para siempre; y las ciudades que derribaste, su memoria pereció con ellas."

Apocalipsis 5:13
"Y a todo lo creado que está en el cielo, y sobre la tierra, y debajo de la tierra, y en el mar, y a todas las cosas que en ellos hay, oí decir: Al que está sentado en el trono, y al Cordero, sea la alabanza, la honra, la gloria y el poder, por los siglos de los siglos."

Salmo 146:4
"Pues sale su aliento, y vuelve a la tierra; en ese mismo día perecen sus pensamientos."

Eclesiastés 9:5, 6, 10
"Porque los que viven saben que han de morir; pero los muertos nada saben, ni tienen más paga; porque su memoria es puesta en olvido. También su amor y su odio y su envidia fenecieron ya; y nunca más tendrán parte en todo lo que se hace debajo del sol.

"Todo lo que te viniere a la mano para hacer, hazlo según tus fuerzas; porque en el Seol, adonde vas, no hay obra, ni trabajo, ni ciencia, ni sabiduría."

Isaías 38:18, 19
"Porque el Seol no te exaltará, ni te alabará la muerte; ni los que descienden al sepulcro esperarán tu verdad. El que vive, el que vive, éste te dará alabanza, como yo hoy; el padre hará notoria tu verdad a los hijos."

Salmo 6:5
"Porque en la muerte no hay memoria de ti; en el Seol, ¿quién te alabará?"

Salmo 115:17
"No alabarán los muertos a JAH, ni cuantos descienden al silencio."

Hechos 2:29, 34
"Varones hermanos, se os puede decir libremente del patriarca David, que murió y fue sepultado, y su sepulcro está con nosotros hasta el día de hoy.... Porque David no subió a

los cielos; pero él mismo dice: Dijo el Señor a mi Señor: siéntate a mi diestra."

1 Corintios 15:16-18
"Porque si los muertos no resucitan, tampoco Cristo resucitó; y si Cristo no resucitó, vuestra fe es vana; aún estáis en vuestros pecados. Entonces también los que durmieron en Cristo perecieron."

El Conflicto de los Siglos, p. 532-534
"A consecuencia del pecado de Adán, la muerte pasó a toda la raza humana. Todos descienden igualmente a la tumba. Y debido a las disposiciones del plan de salvación, todos saldrán de los sepulcros. 'Ha de haber resurrección de los muertos, así de justos como de injustos.' Hechos 24:15. 'Porque así como en Adán todos mueren, así también en Cristo todos serán vivificados.' 1 Corintios 15:22. Pero queda sentada una distinción entre las dos clases que serán resucitadas. 'Todos los que están en los sepulcros oirán su voz [del Hijo del hombre]; y los que hicieron bien, saldrán a resurrección de vida; mas los que hicieron mal a resurrección de condenación.' Juan 5:28, 29. Los que hayan sido 'tenidos por dignos' de resucitar para la vida son llamados 'dichosos y santos.' 'Sobre los tales la segunda muerte no tiene poder.' Apocalipsis 20:6 (VM). Pero los que no hayan asegurado para sí el perdón, por medio del arrepentimiento y de la fe, recibirán el castigo señalado a la transgresión: 'la paga del pecado.' Sufrirán un castigo de duración e intensidad diversas 'según sus obras,' pero que terminará finalmente en la segunda muerte. Como, en conformidad con su justicia y con su misericordia, Dios no puede salvar al pecador en sus pecados, le priva de la existencia misma que sus transgresiones tenían ya comprometida y de la que se ha mostrado indigno. Un escritor inspirado dice: 'Pues de aquí a poco no será el malo: y contemplarás sobre su lugar, y no parecerá.' Y otro dice: 'Serán como si no hubieran sido.' Salmos 37:10; Abdías 16. Cubiertos de infamia, caerán en irreparable y eterno olvido.

Así se pondrá fin al pecado y a toda la desolación y las ruinas que de él procedieron. El salmista dice: 'Reprendiste gentes, destruiste al malo, raíste el nombre de ellos para siempre jamás. Oh enemigo, acabados son para siempre los asolamientos.' Salmos 9:5, 6. San Juan, al echar una mirada hacia la eternidad, oyó una antífona universal de alabanzas que no era interrumpida por ninguna disonancia. Oyó a todas las criaturas del cielo y de la tierra rindiendo gloria a Dios. Apocalipsis 5:13. No habrá entonces almas perdidas que blasfemen a Dios retorciéndose en tormentos sin fin, ni seres infortunados que desde el infierno unan sus gritos de espanto a los himnos de los elegidos."

> "Todos los que están en los sepulcros oirán su voz; y los que hicieron lo bueno, saldrán a resurrección de vida; mas los que hicieron lo malo, a resurrección de condenación."

"En el error fundamental de la inmortalidad natural, descansa la doctrina del estado consciente de los muertos, doctrina que, como la de los tormentos eternos, está en pugna con las enseñanzas de las Sagradas Escrituras, con los dictados de la razón y con nuestros sentimientos de humanidad. Según la creencia popular, los redimidos en el cielo están al cabo de todo lo que pasa en la tierra, y especialmente de lo que les pasa a los amigos que dejaron atrás. ¿Pero cómo podría ser fuente de dicha para los muertos el tener conocimiento de las aflicciones y congojas de los vivos, el ver los pecados cometidos por aquellos a quienes aman y verlos sufrir todas las penas, desilusiones y angustias de la vida? ¿Cuánto podrían gozar de la bienaventuranza del cielo los que revolotean alrededor de sus amigos en la tierra? ¡Y cuán repulsiva es la creencia de que, apenas exhalado el último suspiro, el alma del impenitente es arrojada a las llamas del infierno! ¡En qué abismos de dolor no deben sumirse los que ven a sus amigos bajar a la tumba sin preparación para entrar en una eternidad de pecado y de dolor! Muchos han sido arrastrados a la locura por este horrible pensamiento que los atormentara. ¿Qué dicen las Sagradas Escrituras a este respecto? David declara que el hombre no es consciente en la muerte: 'Sale su espíritu, y él se torna en su tierra: en ese mismo día perecen sus pensamientos.' Salmos 146:4 (VM). Salomón da el mismo testimonio: 'Porque los que viven saben que han de morir: mas los muertos nada saben.' 'También su amor, y su odio y su envidia, feneció ya: ni tiene ya más parte en el siglo, en todo lo que se hace debajo del sol.' 'Adonde tú vas no hay obra, ni industria, ni ciencia, ni sabiduría.' Eclesiastés 9:5, 6, 10.

"Cuando, en respuesta a sus oraciones, la vida de Ezequías fue prolongada por quince años, el rey agradecido, tributó a Dios loores por su gran misericordia. En su canto de alabanza, dice por qué se alegraba: 'No te ha de alabar el sepulcro; la muerte no te celebrará; ni esperarán en tu verdad los que bajan al hoyo. El viviente, el viviente sí, él te alabará, como yo, el día de hoy.' Isaías 38:18, 19 (VM). La teología de moda presenta a los justos que fallecen como si estuvieran en el cielo gozando de la bienaventuranza y loando a Dios con lenguas inmortales, pero Ezequías no veía tan gloriosa perspectiva en la muerte. Sus palabras concuerdan con el testimonio del salmista: 'Porque en la muerte no hay memoria de ti: ¿Quién te loará en el sepulcro?' Salmos 6:5. 'No son los muertos los que alaban a Jehová, ni todos los que bajan al silencio.' Salmos 115:17 (VM).

"En el día de Pentecostés, San Pedro declaró que el patriarca David 'murió, y fue sepultado, y su sepulcro está con nosotros hasta el día de hoy.' 'Porque David no subió a los cielos.' Hechos 2:29, 34. El hecho de que David permanecerá en el sepulcro hasta el día de la resurrección, prueba que los justos no van al cielo cuando mueren. Es solo mediante la resurrección, y en virtud y como consecuencia de la resurrección de Cristo por lo cual David podrá finalmente sentarse a la diestra de Dios.

"Y ... Pablo dice: 'Si los muertos no resucitan, tampoco Cristo resucitó; y si Cristo no resucitó, vuestra fe es vana: aun estáis en vuestros pecados. Entonces también los que murieron en Cristo perecieron.' 1 Corintios 15:16-18 (RV95). Si desde hace cuatro mil años los justos al morir hubiesen ido directamente al cielo, ¿cómo habría podido decir... Pablo que si no hay resurrección, 'también los que murieron en Cristo, perecieron'? No habría necesidad de resurrección."

1 Tesalonicenses 4:14
"Porque si creemos que Jesús murió y resucitó, así también traerá Dios con Jesús a los que durmieron en él."

Job 14:10-12
"Mas el hombre morirá, y será cortado; perecerá el hombre, ¿y dónde estará él? Como las aguas se van del mar, y el río se agota y se seca, así el hombre yace y no vuelve a

levantarse; hasta que no haya cielo, no despertarán, ni se levantarán de su sueño."

Eclesiastés 12:6
"Acuérdate de tu Creador ... antes que la cadena de plata se quiebre, y se rompa el cuenco de oro, y el cántaro se quiebre junto a la fuente, y la rueda sea rota sobre el pozo."

Job 14:21
"Sus hijos tendrán honores, pero él no lo sabrá; o serán humillados, y no entenderá de ello."

1 Corintios 15:52-55
"En un momento, en un abrir y cerrar de ojos, a la final trompeta; porque se tocará la trompeta, y los muertos serán resucitados incorruptibles, y nosotros seremos transformados. Porque es necesario que esto corruptible se vista de incorrupción, y esto mortal se vista de inmortalidad. Y cuando esto corruptible se haya vestido de incorrupción, y esto mortal se haya vestido de inmortalidad, entonces se cumplirá la palabra que está escrita: Sorbida es la muerte en victoria. ¿Dónde está, oh muerte, tu aguijón? ¿Dónde, oh sepulcro, tu victoria?"

El Conflicto de los Siglos, p. 537
"La teoría de la inmortalidad del alma fue una de aquellas falsas doctrinas que Roma recibió del paganismo para incorporarla en el cristianismo. Martín Lutero la clasificó entre 'las fábulas monstruosas que forman parte del estercolero romano' de las decretales. E. Petavel, *Le probleme de l'immortalité*, 2:77. Comentando las palabras de Salomón, en el Eclesiastés, de que los muertos no saben nada, el reformador dice: 'Otra prueba de que los muertos son ... insensibles .... Salomón piensa que los muertos están dormidos y no sienten absolutamente nada. Pues los muertos descansan, sin contar ni los días ni los años; pero cuando se despierten les parecerá como si apenas hubiesen dormido un momento.' Lutero, *Exposition of Solomon's Book Called Ecclesiastes*, 152.

"En ningún pasaje de las Santas Escrituras se encuentra declaración alguna de que los justos reciban su recompensa y los malos su castigo en el momento de la muerte. Los patriarcas y los profetas no dieron tal seguridad. Cristo y sus apóstoles no la mencionaron siquiera. La Biblia enseña a las claras que los muertos no van inmediatamente al cielo. Se les representa como si estuvieran durmiendo hasta el día de la resurrección. 1 Tesalonicenses 4:14; Job 14:10-12. El día mismo en que se corta el cordón de plata y se quiebra el tazón de oro (Eclesiastés 12:6), perecen los pensamientos de los hombres. Los que bajan a la tumba permanecen en el silencio. Nada saben de lo que se hace bajo el sol. Job 14:21. ¡Descanso bendito para los exhaustos justos! Largo o corto, el tiempo no les parecerá más que un momento. Duermen hasta que la trompeta de Dios los despierte para entrar en una gloriosa inmortalidad. 'Porque sonará la trompeta, y los muertos resucitarán incorruptibles.... Porque es necesario que este cuerpo corruptible se revista de incorrupción, y que este cuerpo mortal se revista de inmortalidad. Y cuando este cuerpo corruptible se haya revestido de incorrupción, y este cuerpo mortal se haya revestido de inmortalidad, entonces será verificado el dicho que está escrito: ¡Tragada ha sido la muerte victoriosamente!' 1 Corintios 15:52-54 (VM). En el momento en que sean despertados de su profundo sueño, reanudarán el curso de sus pensamientos interrumpidos por la muerte. La última sensación fue la angustia de la muerte. El último pensamiento era el de que caían bajo el poder del sepulcro. Cuando se levanten de la tumba, su primer alegre pensamiento se expresará en el hermoso grito de triunfo: '¿Dónde está, oh muerte, tu aguijón? ¿dónde está, oh sepulcro, tu victoria?' Vers. 55."

Hebreos 1:14
"¿No son todos espíritus ministradores, enviados para servicio a favor de los que serán herederos de la salvación?"

1 Timoteo 4:1
"Pero el Espíritu dice claramente que en los postreros tiempos algunos apostatarán de la fe, escuchando a espíritus engañadores y a doctrinas de demonios."

El Conflicto de los Siglos, **p. 540**
"La doctrina de la inmortalidad natural, tomada en un principio de la filosofía pagana e incorporada a la fe cristiana en los tiempos tenebrosos de la gran apostasía, ha suplantado la verdad tan claramente enseñada por la Santa Escritura, de que 'los muertos nada saben.' Multitudes han llegado a creer que los espíritus de los muertos son los 'espíritus ministradores, enviados para hacer servicio a favor de los que han de heredar la salvación.' Y esto a pesar del testimonio de las Santas Escrituras respecto a la existencia de los ángeles celestiales y a la relación que ellos tienen con la historia humana desde antes que hubiese muerto hombre alguno.

"La doctrina de que el hombre queda consciente en la muerte, y más aún la creencia de que los espíritus de los muertos vuelven para servir a los vivos, preparó el camino para el espiritismo moderno. Si los muertos son admitidos a la presencia de Dios y de los santos ángeles y si son favorecidos con conocimientos que superan en mucho a los que poseían anteriormente, ¿por qué no habrían de volver a la tierra para iluminar e ilustrar a los vivos? Si, como lo enseñan los teólogos populares, los espíritus de los muertos se ciernen en torno de sus amigos en la tierra, ¿por qué no les sería permitido comunicarse con ellos para prevenirlos del mal o para consolarlos en sus penas? ¿Cómo podrán los que creen en el estado consciente de los muertos rechazar lo que les viene cual luz divina comunicada por espíritus glorificados? Representan un medio de comunicación considerado sagrado, del que Satanás se vale para cumplir sus propósitos. Los ángeles caídos que ejecutan sus órdenes se presentan como mensajeros del mundo de los espíritus. Al mismo tiempo que el príncipe del mal asevera poner a los vivos en comunicación con los muertos, ejerce también su influencia fascinadora sobre las mentes de aquellos.

"Satanás puede evocar ante los hombres la apariencia de sus amigos fallecidos. La imitación es perfecta; los rasgos familiares, las palabras y el tono son reproducidos con una exactitud maravillosa. Muchas personas se consuelan con la seguridad de que sus seres queridos están gozando de las delicias del cielo; y sin sospechar ningún peligro, dan oídos a 'espíritus seductores, y a enseñanzas de demonios.'

"Después que Satanás ha hecho creer a esas personas que los muertos vuelven en realidad a comunicarse con ellas, hace aparecer a seres humanos que murieron sin preparación. Estos aseguran que son felices en el cielo y hasta que ocupan allí elevados puestos, por lo que se difunde el error de que no se hace diferencia entre los justos y los injustos. Esos supuestos visitantes del mundo de los espíritus dan a veces avisos y advertencias que resultan exactos. Luego que se han ganado la confianza, presentan doctrinas que de hecho destruyen la fe en las Santas Escrituras. Aparentando profundo interés por el bienestar de sus amigos en la tierra, insinúan los errores más peligrosos. El hecho de que dicen algunas verdades y pueden a veces anunciar acontecimientos da a sus testimonios una apariencia de verosimilitud; y sus falsas enseñanzas son aceptadas por las multitudes con tanta diligencia y creídas tan a ciegas, como si se tratara de las verdades más sagradas de la Biblia. Se rechaza la ley de Dios, se desprecia al Espíritu de gracia y se considera la sangre de la alianza como cosa profana. Los espíritus niegan la divinidad de Cristo y hasta ponen al Creador en el mismo nivel que ellos mismos. Bajo este nuevo disfraz el gran rebelde continúa llevando adelante la guerra que empezó en el cielo y que se prosigue en la tierra desde hace unos seis mil años."

Apocalipsis 3:10
"Por cuanto has guardado la palabra de mi paciencia, yo también te guardaré de la hora de la prueba que ha de venir sobre el mundo entero, para probar a los que moran sobre la tierra."

El Conflicto de los Siglos, p. 547
"Muchos tendrán que vérselas con espíritus de demonios que personificarán a parientes o amigos queridos y que proclamarán las herejías más peligrosas. Estos espíritus apelarán a nuestros más tiernos sentimientos de simpatía y harán milagros con el fin de sostener sus asertos. Debemos estar listos para resistirles con la verdad bíblica de que los muertos no saben nada y de que los que aparecen como tales son espíritus de demonios.

"Es inminente 'la hora de la tentación que ha de venir en todo el mundo, para probar a los que moran en la tierra.' Apocalipsis 3:10. Todos aquellos cuya fe no esté firmemente cimentada en la Palabra de Dios serán engañados y vencidos. La operación de Satanás es 'con todo el artificio de la injusticia' a fin de alcanzar dominio sobre los hijos de los hombres; y sus engaños seguirán aumentando. Pero solo puede lograr sus fines cuando los hombres ceden voluntariamente a sus tentaciones. Los que busquen sinceramente el conocimiento de la verdad, y se esfuercen en purificar sus almas mediante la obediencia, haciendo así lo que pueden en preparación para el conflicto, encontrarán; seguro refugio en el Dios de verdad."

"Si confesamos nuestros pecados, él es fiel y justo para perdonar nuestros pecados, y limpiarnos de toda maldad."
1 Juan 1:9

"Estamos viviendo ahora en el gran día de la expiación.... Todos los que desean que sus nombres sean conservados en el libro de la vida, deben ahora, en los pocos días que les quedan de este tiempo de gracia, afligir sus almas ante Dios con verdadero arrepentimiento y dolor por sus pecados."
El Conflicto de los Siglos, p. 490.

Capítulo 8
La Expiación

Romanos 3:23
"Por cuanto todos pecaron, y están destituidos de la gloria de Dios."

Romanos 6:23
"Porque la paga del pecado es muerte, mas la dádiva de Dios es vida eterna en Cristo Jesús Señor 000.nuestro."

1 Juan 1:9
"Si confesamos nuestros pecados, él es fiel y justo para perdonar nuestros pecados, y limpiarnos de toda maldad."

En la Cruz

Patriarcas y Profetas, **p. 48**
"La quebrantada ley de Dios exigía la vida del pecador. En todo el universo sólo existía uno que podía satisfacer sus exigencias en lugar del hombre. Puesto que la ley divina es tan sagrada como el mismo Dios, sólo uno igual a Dios podría expiar su transgresión. Ninguno sino Cristo podía salvar al hombre de la maldición de la ley, y colocarlo otra vez en armonía con el Cielo. Cristo cargaría con la culpa y la vergüenza del pecado, que era algo tan abominable a los ojos de Dios que iba a separar al Padre y su Hijo. Cristo descendería a la profundidad de la desgracia para rescatar la raza caída."

Apocalipsis 13:8
"Y la adoraron [la bestia] todos los moradores de la tierra cuyos nombres no estaban escritos en el libro de la vida del Cordero que fue inmolado desde el principio del mundo."

Juan 3:14-17
"Y como Moisés levantó la serpiente en el desierto, así es necesario que el Hijo del Hombre sea levantado, para que todo aquel que en él cree, no se pierda, mas tenga vida eterna. Porque de tal manera amó Dios al mundo, que ha dado a su Hijo unigénito, para que todo aquel que en él cree, no se pierda, mas tenga vida eterna. Porque no envió Dios a su Hijo al mundo para condenar al mundo, sino para que el mundo sea salvo por él."

> "El plan de la salvación había sido concebido antes de la creación del mundo; pues Cristo es 'el Cordero, el cual fue muerto desde el principio del mundo.' Apocalipsis 13:8."

Patriarcas y Profetas, **p. 48**
"El plan de la salvación había sido concebido antes de la creación del mundo; pues Cristo es 'el Cordero, el cual fue muerto desde el principio del mundo.' Apocalipsis 13:8. Sin embargo, fue una lucha, aun para el mismo Rey del universo, entregar a su Hijo a la muerte por la raza culpable. Pero, 'de tal manera amó Dios al mundo, que ha dado a su Hijo unigénito, para que todo aquel que en él cree, no se pierda, mas tenga vida eterna.' Juan 3:16."

Daniel 9:26, 27

"Y después de las sesenta y dos semanas se quitará la vida al Mesías, mas no por sí; y el pueblo de un príncipe que ha de venir destruirá la ciudad y el santuario; y su fin será con inundación, y hasta el fin de la guerra durarán las devastaciones. Y por otra semana confirmará el pacto con muchos; a la mitad de la semana hará cesar el sacrificio y la ofrenda."

2 Corintios 5:18-21

"Y todo esto proviene de Dios, quien nos reconcilió consigo mismo por Cristo, y nos dio el ministerio de la reconciliación; que Dios estaba en Cristo reconciliando consigo al mundo, no tomándoles en cuenta a los hombres sus pecados, y nos encargó a nosotros la palabra de la reconciliación.... Al que no conoció pecado, por nosotros lo hizo pecado, para que nosotros fuésemos hechos justicia de Dios en él."

1 Juan 3:2

"Amados, ahora somos hijos de Dios, y aún no se ha manifestado lo que hemos de ser; pero sabemos que cuando él se manifieste, seremos semejantes a él, porque le veremos tal como él es."

Patriarcas y Profetas, p. 49

"Dios se iba a manifestar en Cristo, 'reconciliando el mundo a sí.' 2 Corintios 5:19. El hombre se había envilecido tanto por el pecado que le era imposible por sí mismo ponerse en armonía con Aquel cuya naturaleza es bondad y pureza. Pero después de haber redimido al mundo de la condenación de la ley, Cristo podría impartir poder divino al esfuerzo humano. Así, mediante el arrepentimiento ante Dios y la fe en Cristo, los caídos hijos de Adán podrían convertirse nuevamente en 'hijos de Dios.' 1 Juan 3:2."

Génesis 3:15

"Y pondré enemistad entre ti y la mujer, y entre tu simiente y la simiente suya; ésta te herirá en la cabeza, y tú le herirás en el calcañar."

El Conflicto de los Siglos, p. 347

"El reino de la gracia fue instituido inmediatamente después de la caída del hombre, cuando se ideó un plan para la redención de la raza culpable. Este reino existía entonces en el designio de Dios y por su promesa; y mediante la fe los hombres podían hacerse sus súbditos. Sin embargo, no fue establecido en realidad hasta la muerte de Cristo. Aun después de haber iniciado su misión terrenal, el Salvador, cansado de la obstinación e ingratitud de los hombres, habría podido retroceder ante el sacrificio del Calvario. En Getsemaní la copa del dolor le tembló en la mano. Aun entonces, hubiera podido enjugar el sudor de sangre de su frente y dejar que la raza culpable pereciese en su iniquidad. Si así lo hubiera hecho no habría habido redención para la humanidad caída. Pero cuando el Salvador hubo rendido la vida y exclamado en su último aliento: 'Consumado es,' entonces el cumplimiento del plan de la redención quedó asegurado. La promesa de salvación hecha a la pareja culpable en el Edén quedó ratificada. El reino de la gracia, que hasta entonces existiera por la promesa de Dios, quedó establecido."

Juan 19:30

"Cuando Jesús hubo tomado el vinagre, dijo: Consumado es. Y habiendo inclinado la cabeza, entregó el espíritu."

Mateo 27:50, 51 (véase también Marcos 15:37; Lucas 23:45, 46)

"Mas Jesús, habiendo otra vez clamado a gran voz, entregó el espíritu. Y he aquí, el velo del templo se rasgó en dos, de arriba abajo; y la tierra tembló, y las rocas se partieron."

Manuscript Releases, vol. 12, p. 409
"Cuando Cristo clamó, 'Consumado es,' la mano invisible de Dios rasgó el fuerte tejido que componía el velo del Templo de arriba a abajo. El camino que entraba hacia el Lugar Santísimo fue manifiesto. Dios se inclinó la cabeza satisfecho. Ahora su justicia y misericordia podrían mezclar. Él podría ser justo, y a la vez justificador de todos que creerían en Cristo. Miró a la víctima que [expiraba] en la cruz, y dijo, 'Consumado es. La raza humana tendrá otro ensayo.' El precio se pagó, y Satanás cayó como un rayo del cielo."

The Youth's Instructor, 25 de abril de 1901
"Justicia completa se cumplió en la expiación. En lugar del pecador, el inmaculado Hijo de Dios recibió la pena, y el pecador queda libre, siempre que reciba y se adhiera a Cristo como Salvador personal. A pesar de su culpa, se ve inocente. Cristo cumplió todo requisito que la justicia demandaba. El carácter de Dios como Dios de la santidad, Dios de bondad, compasión, y amor combinados, fue revelado en su Hijo. En la cruz de Cristo, Dios dio al mundo una poderosa promesa de su justicia y amor."

Apocalipsis 3:7
"Escribe al ángel de la iglesia en Filadelfia: Esto dice el Santo, el Verdadero, el que tiene la llave de David, el que abre y ninguno cierra, y cierra y ninguno abre."

Juan 19:28
"Después de esto, sabiendo Jesús que ya todo estaba consumado, dijo, para que la Escritura se cumpliese: Tengo sed."

Manuscript Releases, vol. 12, pp. 408, 409
"'Sabiendo Jesús que ya todo estaba consumado [Juan 19:28],' clamó con voz grande, 'Consumado es.' La obra que tú me diste está cumplida. Así dio él su testimonio moribundo a hombres y ángeles que la obra que vino a tierra para hacer era para salvar a un mundo perecedero por medio de su muerte.

"Cuando Cristo habló estas palabras, se dirigió a su Padre. Cristo no estaba solo en hacer este gran sacrificio. Fue el cumplimiento del pacto hecho entre el Padre y el Hijo antes de la Fundamento de la tierra. Con manos unidas entraron en una promesa solemne que Cristo sería el substituto y fiador para la raza humana s1 éstos fueran [vencidos] por las sofisterías de Satanás. Ahora el pacto estaba siendo totalmente consumado. Alcanzaron al clímax. Cristo tuvo el conocimiento que había cumplida al máximo la promesa que había hecho. En la muerte fue más que conquistador. El precio de la redención había sido pago. Su mano derecha y su santo brazo glorioso le había alcanzado la victoria.

"Cuando profirió el grito, 'Consumado es,' Cristo sabía que la batalla estaba vencida. Como conquistador moral, plantó su estandarte sobre las alturas eternas. Ni hijo, ni hija de Adán podía ahora menos que poseer los méritos del inmaculado Hijo de Dios y decir, Cristo murió por mí. Él es mi Salvador. La sangre que habla cosas mejores que la de Abel ha sido derramada.

"La obscuridad dejó el Salvador y la cruz. Cristo se inclinó la cabeza y murió. En su encarnación había alcanzado el límite designado como sacrificio, pero no como redentor. La controversia sobre la rebelión encontró respuesta. Ahora la raza humana tiene por adelante una puerta abierta. 'Esto dice el Santo, el Verdadero, el que tiene la llave de

David, el que abre y ninguno cierra, y cierra y ninguno abre.' [Apocalipsis 3:7]."

El Servicio Diario en el Santuario Terrenal

Levítico 4:28-31
"Luego que conociere su pecado que cometió, traerá por su ofrenda una cabra, una cabra sin defecto, por su pecado que cometió. Y pondrá su mano sobre la cabeza de la ofrenda de la expiación, y la degollará en el lugar del holocausto. Luego con su dedo el sacerdote tomará de la sangre, y la pondrá sobre los cuernos del altar del holocausto, y derramará el resto de la sangre al pie del altar. Y le quitará toda su grosura, de la manera que fue quitada la grosura del sacrificio de paz; y el sacerdote la hará arder sobre el altar en olor grato a Jehová; así hará el sacerdote expiación por él, y será perdonado."

Patriarcas y Profetas, **p. 365**
"El incienso, que ascendía con las oraciones de Israel, representaba los méritos y la intercesión de Cristo, su perfecta justicia, la cual por medio de la fe es acreditada a su pueblo, y es lo único que puede hacer el culto de los seres humanos aceptable a Dios. Delante del velo del lugar santísimo, había un altar de intercesión perpetua; y delante del lugar santo, un altar de expiación continua. Había que acercarse a Dios mediante la sangre y el incienso, pues estas cosas simbolizaban al gran Mediador, por medio de quien los pecadores pueden acercarse a Jehová, y por cuya intervención tan sólo puede otorgarse misericordia y salvación al alma arrepentida y creyente."

Manuscript 14, 1901
"En el servicio de sacerdocio judío se nos recuerda continuamente del sacrificio e intercesión de Cristo. *Todos que hoy vienen a Cristo tienen que recordarse de que su mérito es el incienso que mezcla con las oraciones de los que se arrepienten* de sus pecados y reciben perdón y misericordia y gracia. *Nuestra necesidad de la intercesión de Cristo es constante.*"

Patriarcas y Profetas, **p. 367**
"La parte más importante del servicio diario era la que se realizaba en favor de los individuos. El pecador arrepentido traía su ofrenda a la puerta del tabernáculo, y colocando la mano sobre la cabeza de la víctima, confesaba sus pecados; así, en un sentido figurado, los trasladaba de su propia persona a la víctima inocente. Con su propia mano mataba entonces el animal, y el sacerdote llevaba la sangre al lugar santo y la rociaba ante el velo, detrás del cual estaba el arca que contenía la ley que el pecador había violado. Con esta ceremonia y en un sentido simbólico, el pecado era trasladado al santuario por medio de la sangre."

Hebreos 9:22
"Y casi todo es purificado, según la ley, con sangre; y sin derramamiento de sangre no se hace remisión."

Levítico 17:11
"Porque la vida de la carne en la sangre está, y yo os la he dado para hacer expiación sobre el altar por vuestras almas; y la misma sangre hará expiación de la persona."

El Conflicto de los Siglos, **p. 413**
"El servicio del santuario terrenal consistía en dos partes; los sacerdotes ministraban diariamente en el lugar santo, mientras que una vez al año el sumo sacerdote efectuaba un servicio especial de expiación en el lugar santísimo, para purificar el santuario. Día tras día el pecador arrepentido llevaba su ofrenda a la puerta del tabernáculo, y poniendo la mano

sobre la cabeza de la víctima, confesaba sus pecados, transfiriéndolos así figurativamente de sí mismo a la víctima inocente. Luego se mataba el animal. 'Sin derramamiento de sangre,' dice el apóstol, no hay remisión de pecados. 'La vida de la carne en la sangre está.' Levítico 17:11. La ley de Dios quebrantada exigía la vida del transgresor. La sangre, que representaba la vida comprometida del pecador, cuya culpa cargaba la víctima, la llevaba el sacerdote al lugar santo y la salpicaba ante el velo, detrás del cual estaba el arca que contenía la ley que el pecador había transgredido. Mediante esta ceremonia, el pecado era transferido figurativamente, por intermedio de la sangre, al santuario. En ciertos casos, la sangre no era llevada al lugar santo; pero el sacerdote debía entonces comer la carne, como Moisés lo había mandado a los hijos de Aarón, diciendo: 'Dióla él a vosotros para llevar la iniquidad de la congregación.' Levítico 10:17. Ambas ceremonias simbolizaban por igual la transferencia del pecado del penitente al santuario."

El Servicio del Día de la Expiación en el Santuario Terrenal

Levítico 16:8, 15-19, 21, 22, 32-34
"Y echará suertes Aarón sobre los dos machos cabríos; una suerte por Jehová, y otra suerte por Azazel.

"Después degollará el macho cabrío en expiación por el pecado del pueblo, y llevará la sangre detrás del velo adentro, y hará de la sangre como hizo con la sangre del becerro, y la esparcirá sobre el propiciatorio y delante del propiciatorio. Así purificará el santuario, a causa de las impurezas de los hijos de Israel, de sus rebeliones y de todos sus pecados; de la misma manera hará también al tabernáculo de reunión, el cual reside entre ellos en medio de sus impurezas. Ningún hombre estará en el tabernáculo de reunión cuando él entre a hacer la expiación en el santuario, hasta que él salga, y haya hecho la expiación por sí, por su casa y por toda la congregación de Israel. Y saldrá al altar que está delante de Jehová, y lo expiará, y tomará de la sangre del becerro y de la sangre del macho cabrío, y la pondrá sobre los cuernos del altar alrededor. Y esparcirá sobre él de la sangre con su dedo siete veces, y lo limpiará, y lo santificará de las inmundicias de los hijos de Israel.

"Y pondrá Aarón sus dos manos sobre la cabeza del macho cabrío vivo, y confesará sobre él todas las iniquidades de los hijos de Israel, todas sus rebeliones y todos sus pecados, poniéndolos así sobre la cabeza del macho cabrío, y lo enviará al desierto por mano de un hombre destinado para esto. Y aquel macho cabrío llevará sobre sí todas las iniquidades de ellos a tierra inhabitada; y dejará ir el macho cabrío por el desierto.

"Hará la expiación el sacerdote que fuere ungido y consagrado para ser sacerdote en lugar de su padre; y se vestirá las vestiduras de lino, las vestiduras sagradas. Y hará la expiación por el santuario santo, y el tabernáculo de reunión; también hará expiación por el altar, por los sacerdotes y por todo el pueblo de la congregación. Y esto tendréis como estatuto perpetuo, para hacer expiación una vez al año por todos los pecados de Israel. Y Moisés lo hizo como Jehová le mandó."

El Conflicto de los Siglos, pp. 413, 414

"Tal era la obra que se llevaba a cabo día tras día durante todo el año. Los pecados de Israel eran transferidos así al santuario, y se hacía necesario un servicio especial para eliminarlos. Dios mandó que se hiciera una expiación por cada uno de los departamentos sagrados. 'Así hará expiación por el santuario, a causa de las inmundicias de los hijos de Israel y de sus transgresiones, con motivo de todos sus pecados. Y del mismo modo hará con el tabernáculo de reunión, que reside con ellos, en medio de sus inmundicias.' Debía hacerse también una expiación por el altar: 'Lo purificará y lo santificará, a causa de las inmundicias de los hijos de Israel.' Levítico 16:16, 19 (VM).

"Una vez al año, en el gran día de las expiaciones, el sacerdote entraba en el lugar santísimo para purificar el santuario. El servicio que se realizaba allí completaba la serie anual de los servicios. En el día de las expiaciones se llevaban dos machos cabríos a la entrada del tabernáculo y se echaban suertes sobre ellos, 'la una suerte para Jehová y la otra para Azazel.' Vers. 8. El macho cabrío sobre el cual caía la suerte para Jehová debía ser inmolado como ofrenda por el pecado del pueblo. Y el sacerdote debía llevar velo adentro la sangre de aquel y rociarla sobre el propiciatorio y delante de él. También había que rociar con ella el altar del incienso, que se encontraba delante del velo.

"'Y pondrá Aarón [ambas] manos sobre la cabeza del macho cabrío vivo, y confesará sobre él todas las iniquidades de los hijos de Israel, y todas sus transgresiones, a causa de todos sus pecados, cargándolos así sobre la cabeza del macho cabrío, y le enviará al desierto por mano de un hombre idóneo. Y el macho cabrío llevará sobre sí las iniquidades de ellos a tierra inhabitada.' Levítico 16:21, 22 (VM). El macho cabrío emisario no volvía al real de Israel, y el hombre que lo había llevado afuera debía lavarse y lavar sus vestidos con agua antes de volver al campamento."

Hebreos 8:5
"Los cuales sirven a lo que es figura y sombra de las cosas celestiales, como se le advirtió a Moisés cuando iba a erigir el tabernáculo, diciéndole: Mira, haz todas las cosas conforme al modelo que se te ha mostrado en el monte."

***El Conflicto de los Siglos*, p. 414, 415**
"El servicio típico enseña importantes verdades respecto a la expiación. Se aceptaba un substituto en lugar del pecador; pero la sangre de la víctima no borraba el pecado. Solo proveía un medio para transferirlo al santuario. Con la ofrenda de sangre, el pecador reconocía la autoridad de la ley, confesaba su culpa, y expresaba su deseo de ser perdonado mediante la fe en un Redentor por venir; pero no estaba aún enteramente libre de la condenación de la ley. El día de la expiación, el sumo sacerdote, después de haber tomado una víctima ofrecida por la congregación, iba al lugar santísimo con la sangre de dicha víctima y rociaba con ella el propiciatorio, encima mismo de la ley, para dar satisfacción a sus exigencias. Luego, en calidad de mediador, tomaba los pecados sobre sí y los llevaba fuera del santuario. Poniendo sus manos sobre la cabeza del segundo macho cabrío, confesaba sobre él todos esos pecados, transfiriéndolos así figurativamente de él al macho cabrío emisario. Este los llevaba luego lejos y se los consideraba como si estuviesen para siempre quitados y echados lejos del pueblo.

"Tal era el servicio que se efectuaba como 'mera representación y sombra de las cosas celestiales.' Y lo que se hacía típicamente en el santuario terrenal, se hace en realidad en el santuario celestial. Después de su ascensión, nuestro Salvador empezó a actuar como nuestro Sumo Sacerdote. ... Pablo dice: 'No entró Cristo en un lugar santo hecho de mano, que es una mera representación del verdadero, sino en el cielo mismo, para presentarse ahora delante de Dios por nosotros.' Hebreos 9:24 (VM)."

El Servicio Diario en el Santuario Celestial

Apocalipsis 4:5
"Y del trono salían relámpagos y truenos y voces; y delante del trono ardían siete lámparas de fuego, las cuales son los siete espíritus de Dios."

Apocalipsis 8:3
"Otro ángel vino entonces y se paró ante el altar, con un incensario de oro; y se le dio mucho incienso para añadirlo a las oraciones de todos los santos, sobre el altar de oro que estaba delante del trono."

***El Conflicto de los Siglos*, p. 410**
"Los lugares santos del santuario celestial están representados por los dos departamentos del santuario terrenal. Cuando en una visión le fue dado al apóstol Juan que viese el templo de Dios en el cielo, contempló allí 'siete lámparas de fuego ardiendo delante del trono.' Apocalipsis 4:5 (VM). Vio un ángel que tenía 'en su mano un incensario de oro; y le fue dado mucho incienso, para que lo añadiese a las oraciones de todos los santos, encima del altar de oro que estaba delante del trono.' Apocalipsis 8:3 (VM). Se le permitió al profeta contemplar el primer departamento del santuario en el cielo; y vio allí las 'siete lámparas de fuego' y el 'altar de oro' representados por el candelabro de oro y el altar de incienso en el santuario terrenal."

Hebreos 6:19, 20
"La cual tenemos como segura y firme ancla del alma, y que penetra hasta dentro del velo, donde Jesús entró por nosotros como precursor, hecho sumo sacerdote para siempre según el orden de Melquisedec."

***El Conflicto de los Siglos*, p. 479**
"La intercesión de Cristo por el hombre en el santuario celestial es tan esencial para el plan de la salvación como lo fue su muerte en la cruz. Con su muerte dio principio a aquella obra para cuya conclusión ascendió al cielo después de su resurrección. Por la fe debemos entrar velo adentro, 'donde entró por nosotros como precursor Jesús.' Hebreos 6:20. Allí se refleja la luz de la cruz del Calvario; y allí podemos obtener una comprensión más clara de los misterios de la redención, La salvación del hombre se cumple a un precio infinito para el cielo; el sacrificio hecho corresponde a las más amplias exigencias de la ley de Dios quebrantada. Jesús abrió el camino que lleva al trono del Padre, y por su mediación pueden ser presentados ante Dios los deseos sinceros de todos los que a él se allegan con fe."

> **""La intercesión de Cristo por el hombre en el santuario celestial es tan esencial para el plan de la salvación como lo fue su muerte en la cruz."**

Hebreos 9:24
"Porque no entró Cristo en el santuario hecho de mano, figura del verdadero, sino en el cielo mismo para presentarse ahora por nosotros ante Dios."

Hebreos 9:12
"Y no por sangre de machos cabríos ni de becerros, sino por su propia sangre, entró una vez para siempre en el Lugar Santísimo, habiendo obtenido eterna redención."

Zacarías 6:12, 13
"Y le hablarás, diciendo: Así ha hablado Jehová de los ejércitos, diciendo: He aquí el varón cuyo nombre es el Renuevo, el cual brotará de sus raíces, y edificará el templo de Jehová. El edificará el templo de Jehová, y él llevará gloria, y se sentará y dominará en su trono, y habrá sacerdote a su lado; y consejo de paz habrá entre ambos."

Efesios 2:20-22
"Edificados sobre el fundamento de los apóstoles y profetas, siendo la principal piedra del ángulo Jesucristo mismo, en quien todo el edificio, bien coordinado, va creciendo para ser un templo santo en el Señor; en quien vosotros también sois juntamente edificados para morada de Dios en el Espíritu."

Apocalipsis 1:5, 6
"Y de Jesucristo el testigo fiel, el primogénito de los muertos, y el soberano de los reyes de la tierra. Al que nos amó, y nos lavó de nuestros pecados con su sangre, y nos hizo reyes y sacerdotes para Dios, su Padre; a él sea gloria e imperio por los siglos de los siglos. Amén."

Lucas 1:32, 33
"Este será grande, y será llamado Hijo del Altísimo; y el Señor Dios le dará el trono de David su padre; y reinará sobre la casa de Jacob para siempre, y su reino no tendrá fin."

Apocalipsis 3:21
"Al que venciere, le daré que se siente conmigo en mi trono, así como yo he vencido, y me he sentado con mi Padre en su trono."

Isaías 53:4
"Ciertamente llevó él nuestras enfermedades, y sufrió nuestros dolores; y nosotros le tuvimos por azotado, por herido de Dios y abatido."

Hebreos 4:15
"Porque no tenemos un sumo sacerdote que no pueda compadecerse de nuestras debilidades, sino uno que fue tentado en todo según nuestra semejanza, pero sin pecado."

Hebreos 2:18
"Pues en cuanto él mismo padeció siendo tentado, es poderoso para socorrer a los que son tentados."

1 Juan 2:1
"Hijitos míos, estas cosas os escribo para que no pequéis; y si alguno hubiere pecado, abogado tenemos para con el Padre, a Jesucristo el justo."

Juan 16:26, 27
"En aquel día pediréis en mi nombre; y no os digo que yo rogaré al Padre por vosotros, pues el Padre mismo os ama, porque vosotros me habéis amado, y habéis creído que yo salí de Dios."

El Conflicto de los Siglos, pp. 411, 412
"La obra mediadora de Cristo en favor del hombre se presenta en esta hermosa profecía de Zacarías relativa a Aquel 'cuyo nombre es El Vástago.' El profeta dice: 'Sí, edificará el templo de Jehová, y llevará sobre sí la gloria; y se sentará y reinará sobre su trono, siendo Sacerdote sobre su trono; y el consejo de la paz estará entre los dos.' Zacarías 6:12, 13 (VM).

"'Sí, edificará el templo de Jehová.' Por su sacrificio y su mediación, Cristo es el fundamento y el edificador de la iglesia de Dios. El apóstol Pablo le señala como 'la piedra principal del ángulo: en la cual todo el edificio, bien trabado consigo mismo, va creciendo para ser un templo santo en el Señor; en quien—dice—vosotros también sois edificados juntamente, para ser morada de Dios, en virtud del Espíritu.' Efesios 2:20-22 (VM).

"'Y llevará sobre sí la gloria.' Es a Cristo a quien pertenece la gloria de la redención de la raza caída. Por toda la eternidad, el canto de los redimidos será: 'A Aquel que nos ama, y nos ha lavado de nuestros pecados en su misma sangre, ... a él sea la gloria y el dominio por los siglos de los siglos.' Apocalipsis 1:5, 6 (VM).

"'Y se sentará y reinará sobre su trono, siendo Sacerdote sobre su trono.' No todavía 'sobre el trono de su gloria'; el reino de gloria no le ha sido dado aún. Solo cuando su obra mediadora haya terminado, 'le dará el Señor Dios el trono de David su padre,' un reino del que 'no habrá fin.' Lucas 1:32, 33. Como sacerdote, Cristo está sentado ahora con el Padre en su trono. Apocalipsis 3:21. En el trono, en compañía del Dios eterno que existe por sí mismo, está Aquel que 'ha llevado nuestros padecimientos, y con nuestros dolores ... se cargó,' quien fue 'tentado en todo punto, así como nosotros, mas sin pecado,' para que pudiese 'también socorrer a los que son tentados.' 'Si alguno pecare, abogado tenemos para con el Padre, a saber, a Jesucristo el justo.' Isaías 53:4; Hebreos 4:15; 2:18; 1 Juan 2:1 (VM). Su intercesión es la de un cuerpo traspasado y quebrantado y de una vida inmaculada. Las manos heridas, el costado abierto, los pies desgarrados, abogan en favor del hombre caído, cuya redención fue comprada a tan infinito precio.

"'Y el consejo de la paz estará entre los dos.' El amor del Padre, no menos que el del Hijo, es la fuente de salvación para la raza perdida. Jesús había dicho a sus discípulos antes de irse: 'No os digo, que yo rogaré al Padre por vosotros; pues el mismo Padre os ama.' Juan 16:26, 27. 'Dios estaba en Cristo, reconciliando consigo mismo al mundo.' 2 Corintios 5:19 (VM). Y en el ministerio del santuario celestial, 'el consejo de la paz estará entre los dos.' 'De tal manera amó Dios al mundo, que dio a su Hijo unigénito, para que todo aquel que cree en él, no perezca, sino que tenga vida eterna.' Juan 3:16 (VM)."

Hechos 1:9-11

"Y habiendo dicho estas cosas, viéndolo ellos, fue alzado, y le recibió una nube que le ocultó de sus ojos. Y estando ellos con los ojos puestos en el cielo, entre tanto que él se iba, he aquí se pusieron junto a ellos dos varones con vestiduras blancas, los cuales también les dijeron: Varones galileos, ¿por qué estáis mirando al cielo? Este mismo Jesús, que ha sido tomado de vosotros al cielo, así vendrá como le habéis visto ir al cielo."

El Deseado de Todas las Gentes, p. 771

"Mientras los discípulos estaban todavía mirando hacia arriba, se dirigieron a ellos unas voces que parecían como la música más melodiosa. Se dieron vuelta, y vieron a dos ángeles en forma de hombres que les hablaron diciendo: 'Varones Galileos, ¿qué estáis mirando al cielo? este mismo Jesús que ha sido tomado desde vosotros arriba en el cielo, así vendrá como le habéis visto ir al cielo.'"

Salmo 24:7

"Alzad, oh puertas, vuestras cabezas, y alzaos vosotras, puertas eternas, y entrará el Rey de gloria."

El Deseado de Todas las Gentes, p. 772, 773

"Todo el cielo estaba esperando para dar la bienvenida al Salvador a los atrios celestiales. Mientras ascendía, iba adelante, y la multitud de cautivos libertados en ocasión de su resurrección le seguía. La hueste celestial, con aclamaciones de alabanza y canto celestial, acompañaba al gozoso séquito.

"Al acercarse a la ciudad de Dios, la escolta de ángeles demanda: 'Alzad, oh puertas, vuestras cabezas, y alzaos vosotras, puertas eternas, y entrará el Rey de gloria.' ...

"Entonces los portales de la ciudad de Dios se abren de par en par, y la muchedumbre angélica entra por ellos en medio de una explosión de armonía triunfante.

"Allí está el trono, y en derredor el arco iris de la promesa. Allí están los querubines y los serafines. Los comandantes de las huestes angélicas, los hijos de Dios, los representantes de los mundos que nunca cayeron, están congregados. El concilio celestial delante del cual Lucifer había acusado a Dios y a su Hijo, los representantes de aquellos reinos sin pecado, sobre los cuales Satanás pensaba establecer su dominio, todos están allí para dar la bienvenida al Redentor. Sienten impaciencia por celebrar su triunfo y glorificar a su Rey.

"Pero con un ademán, él los detiene. Todavía no; no puede ahora recibir la corona de gloria y el manto real. Entra a la presencia de su Padre. Señala su cabeza herida, su costado traspasado, sus pies lacerados; alza sus manos que llevan la señal de los clavos. Presenta los trofeos de su triunfo; ofrece a Dios la gavilla de las primicias, aquellos que resucitaron con él como representantes de la gran multitud que saldrá de la tumba en ocasión de su segunda venida. Se acerca al Padre, ante quien hay regocijo por un solo pecador que se arrepiente. Desde antes que fueran echados los cimientos de la tierra, el Padre y el Hijo se habían unido en un pacto para redimir al hombre en caso de que fuese vencido por Satanás. Habían unido sus manos en un solemne compromiso de que Cristo sería fiador de la especie humana. Cristo había cumplido este compromiso. Cuando sobre la cruz exclamó: 'Consumado es,' se dirigió al Padre. El pacto había sido llevado plenamente a cabo....

"Se oye entonces la voz de Dios proclamando que la justicia está satisfecha."

Hebreos 1:6
"Y otra vez, cuando introduce al Primogénito en el mundo, dice: Adórenle todos los ángeles de Dios."

El Deseado de Todas las Gentes, p. 774
"Los brazos del Padre rodean a su Hijo, y se da la orden: "Adórenlo todos los ángeles de Dios.

"Con gozo inefable, los principados y las potestades reconocen la supremacía del Príncipe de la vida. La hueste angélica se postra delante de él, mientras que el alegre clamor llena todos los atrios del cielo: '¡Digno es el Cordero que ha sido inmolado, de recibir el poder, y la riqueza, y la sabiduría, y la fortaleza, y la honra, y la gloria, y la bendición!'"

Apocalipsis 5:12, 13
"Que decían a gran voz: El Cordero que fue inmolado es digno de tomar el poder, las riquezas, la sabiduría, la fortaleza, la honra, la gloria y la alabanza. Y a todo lo creado que está en el cielo, y sobre la tierra, y debajo de la tierra, y en el mar, y a todas las cosas que en ellos hay, oí decir: Al que está sentado en el trono, y al Cordero, sea la alabanza, la honra, la gloria y el poder, por los siglos de los siglos."

Isaías 13:12
"Haré más precioso que el oro fino al varón, y más que el oro de Ofir al hombre."

El Deseado de Todas las Gentes, p. 734
"Jesús se negó a recibir el homenaje de los suyos hasta tener la seguridad de que su sacrificio era aceptado por el Padre. Ascendió a

los atrios celestiales, y de Dios mismo oyó la seguridad de que su expiación por los pecados de los hombres había sido amplia, de que por su sangre todos podían obtener vida eterna. El Padre ratificó el pacto hecho con Cristo, de que recibiría a los hombres arrepentidos y obedientes y los amaría como a su Hijo. Cristo había de completar su obra y cumplir su promesa de hacer 'más precioso que el oro fino al varón, y más que el oro de Ophir al hombre.'"

Juan 20:17
"Jesús le dijo: No me toques, porque aún no he subido a mi Padre; mas ve a mis hermanos, y diles: Subo a mi Padre y a vuestro Padre, a mi Dios y a vuestro Dios."

> "El Padre ratificó el pacto hecho con Cristo, de que recibiría a los hombres arrepentidos y obedientes y los amaría como a su Hijo."

Hebreos 7:25
"Por lo cual puede también salvar perpetuamente a los que por él se acercan a Dios, viviendo siempre para interceder por ellos."

El Deseado de Todas las Gentes, p. 774
"Desde aquella escena de gozo celestial, nos llega a la tierra el eco de las palabras admirables de Cristo: 'Subo a mi Padre y a vuestro Padre, a mi Dios y a vuestro Dios.' La familia del cielo y la familia de la tierra son una. Nuestro Señor ascendió para nuestro bien y para nuestro bien vive. 'Por lo cual puede también salvar eternamente a los que por él se allegan a Dios, viviendo siempre para interceder por ellos.'"

Hebreos 9:11, 12
"Pero estando ya presente Cristo, sumo sacerdote de los bienes venideros, por el más amplio y más perfecto tabernáculo, no hecho de manos, es decir, no de esta creación, y no por sangre de machos cabríos ni de becerros, sino por su propia sangre, entró una vez para siempre en el Lugar Santísimo, habiendo obtenido eterna redención."

El Conflicto de los Siglos, p. 415
"Después de su ascensión, nuestro Salvador empezó a actuar como nuestro Sumo Sacerdote. ... Pablo dice: 'No entró Cristo en un lugar santo hecho de mano, que es una mera representación del verdadero, sino en el cielo mismo, para presentarse ahora delante de Dios por nosotros.' Hebreos 9:24 (VM).

"El servicio del sacerdote durante el año en el primer departamento del santuario, 'adentro del velo' que formaba la entrada y separaba el lugar santo del atrio exterior, representa la obra y el servicio a que dio principio Cristo al ascender al cielo. La obra del sacerdote en el servicio diario consistía en presentar ante Dios la sangre del holocausto, como también el incienso que subía con las oraciones de Israel. Así es como Cristo ofrece su sangre ante el Padre en beneficio de los pecadores, y así es como presenta ante él, además, junto con el precioso perfume de su propia justicia, las oraciones de los creyentes arrepentidos. Tal era la obra desempeñada en el primer departamento del santuario en el cielo.

"Hasta allí siguieron los discípulos a Cristo por la fe cuando se elevó de la presencia de ellos. Allí se concentraba su esperanza, 'la cual—dice ... Pablo—tenemos como ancla del alma, segura y firme, y que penetra hasta a lo que está dentro del velo; adonde, como precursor nuestro, Jesús ha entrado por nosotros, constituido sumo sacerdote para siempre.' 'Ni tampoco por medio de la sangre de machos de cabrío y de terneros, sino por la virtud de su propia sangre, entró una vez para siempre en el lugar santo, habiendo ya hallado eterna redención.' Hebreos 6:19, 20; 9:12 (VM).

"Este ministerio siguió efectuándose durante dieciocho siglos en el primer departamento del santuario. La sangre de Cristo, ofrecida en beneficio de los creyentes arrepentidos, les aseguraba perdón y aceptación cerca del Padre, pero no obstante sus pecados permanecían inscritos en los libros de registro. Como en el servicio típico había una obra de expiación al fin del año, así también, antes de que la obra de Cristo para la redención de los hombres se complete, queda por hacer una obra de expiación para quitar el pecado del santuario. Este es el servicio que empezó cuando terminaron los 2.300 días. Entonces, así como lo había anunciado Daniel el profeta, nuestro Sumo Sacerdote entró en el lugar santísimo, para cumplir la última parte de su solemne obra: la purificación del santuario."

Efesios 2:13, 14
"Pero ahora en Cristo Jesús, vosotros que en otro tiempo estabais lejos, habéis sido hechos cercanos por la sangre de Cristo. Porque él es nuestra paz, que de ambos pueblos hizo uno, derribando la pared intermedia de separación."

Hebreos 10:11, 12
"Y ciertamente todo sacerdote está día tras día ministrando y ofreciendo muchas veces los mismos sacrificios, que nunca pueden quitar los pecados; pero Cristo, habiendo ofrecido una vez para siempre un solo sacrificio por los pecados, se ha sentado a la diestra de Dios."

El Servicio del Día de la Expiación en el Santuario Celestial
El Juicio / La Fase Investigativa / (Véase "El Mensaje de los Tres Ángeles")

1 Pedro 4:17
"Porque es tiempo de que el juicio comience por la casa de Dios; y si primero comienza por nosotros, ¿cuál será el fin de aquellos que no obedecen al evangelio de Dios?"

Daniel 7:9, 10, 13
"Estuve mirando hasta que fueron puestos tronos, y se sentó un Anciano de días, cuyo vestido era blanco como la nieve, y el pelo de su cabeza como lana limpia; su trono llama de fuego, y las ruedas del mismo, fuego ardiente. Un río de fuego procedía y salía de delante de él; millares de millares le servían, y millones de millones asistían delante de él; el Juez se sentó, y los libros fueron abiertos."

"Miraba yo en la visión de la noche, y he aquí con las nubes del cielo venía uno como un hijo de hombre, que vino hasta el Anciano de días, y le hicieron acercarse delante de él."

Apocalipsis 20:12
"Y vi a los muertos, grandes y pequeños, de pie ante Dios; y los libros fueron abiertos, y otro libro fue abierto, el cual es el libro de la vida; y fueron juzgados los muertos por las cosas que estaban escritas en los libros, según sus obras."

Lucas 10:20
"Pero no os regocijéis de que los espíritus se os sujetan, sino regocijaos de que vuestros nombres están escritos en los cielos."

Filipenses 4:3
"Asimismo te ruego también a ti, compañero fiel, que ayudes a éstas que combatieron juntamente conmigo en el evangelio, con Clemente

también y los demás colaboradores míos, cuyos nombres están en el libro de la vida."

Daniel 12:1
"En aquel tiempo se levantará Miguel, el gran príncipe que está de parte de los hijos de tu pueblo; y será tiempo de angustia, cual nunca fue desde que hubo gente hasta entonces; pero en aquel tiempo será libertado tu pueblo, todos los que se hallen escritos en el libro."

Apocalipsis 21:27
"No entrará en ella ninguna cosa inmunda, o que hace abominación y mentira, sino solamente los que están inscritos en el libro de la vida del Cordero."

Malaquías 3:16
"Entonces los que temían a Jehová hablaron cada uno a su compañero; y Jehová escuchó y oyó, y fue escrito libro de memoria delante de él para los que temen a Jehová, y para los que piensan en su nombre."

Nehemías 13:14
"Acuérdate de mí, oh Dios, en orden a esto, y no borres mis misericordias que hice en la casa de mi Dios, y en su servicio."

Salmo 56:8
"Mis huidas tú has contado; pon mis lágrimas en tu redoma; ¿no están ellas en tu libro?"

Eclesiastés 12:14
"Porque Dios traerá toda obra a juicio, juntamente con toda cosa encubierta, sea buena o sea mala."

Mateo 12:36, 37
"Mas yo os digo que de toda palabra ociosa que hablen los hombres, de ella darán cuenta en el día del juicio. Porque por tus palabras serás justificado, y por tus palabras serás condenado."

1 Corintios 4:5
"Así que, no juzguéis nada antes de tiempo, hasta que venga el Señor, el cual aclarará también lo oculto de las tinieblas, y manifestará las intenciones de los corazones; y entonces cada uno recibirá su alabanza de Dios."

Isaías 65:6, 7
"He aquí que escrito está delante de mí; no callaré, sino que recompensaré, y daré el pago en su seno por vuestras iniquidades, dice Jehová, y por las iniquidades de vuestros padres juntamente, los cuales quemaron incienso sobre los montes, y sobre los collados me afrentaron; por tanto, yo les mediré su obra antigua en su seno."

Lucas 20:35, 36
"Mas los que fueren tenidos por dignos de alcanzar aquel siglo y la resurrección de entre los muertos, ni se casan, ni se dan en casamiento. Porque no pueden ya más morir, pues son iguales a los ángeles, y son hijos de Dios, al ser hijos de la resurrección."

Juan 5:29
"Y los que hicieron lo bueno, saldrán a resurrección de vida; mas los que hicieron lo malo, a resurrección de condenación."

Éxodo 32:33
"Y Jehová respondió a Moisés: Al que pecare contra mí, a éste raeré yo de mi libro."

Ezequiel 18:24
"Mas si el justo se apartare de su justicia y cometiere maldad, e hiciere conforme a todas las abominaciones que el impío hizo, ¿vivirá

él? Ninguna de las justicias que hizo le serán tenidas en cuenta; por su rebelión con que prevaricó, y por el pecado que cometió, por ello morirá."

Isaías 43:25
"Yo, yo soy el que borro tus rebeliones por amor de mí mismo, y no me acordaré de tus pecados."

Apocalipsis 3:3-5
"Acuérdate, pues, de lo que has recibido y oído; y guárdalo, y arrepiéntete. Pues si no velas, vendré sobre ti como ladrón, y no sabrás a qué hora vendré sobre ti. Pero tienes unas pocas personas en Sardis que no han manchado sus vestiduras; y andarán conmigo en vestiduras blancas, porque son dignas. El que venciere será vestido de vestiduras blancas; y no borraré su nombre del libro de la vida, y confesaré su nombre delante de mi Padre, y delante de sus ángeles."

Mateo 10:32, 33
"A cualquiera, pues, que me confiese delante de los hombres, yo también le confesaré delante de mi Padre que está en los cielos. Y a cualquiera que me niegue delante de los hombres, yo también le negaré delante de mi Padre que está en los cielos."

Miqueas 4:8
"Y tú, oh torre del rebaño, fortaleza de la hija de Sion, hasta ti vendrá el señorío primero, el reino de la hija de Jerusalén."

Salmo 51:17
"Los sacrificios de Dios son el espíritu quebrantado; al corazón contrito y humillado no despreciarás tú, oh Dios."

Zacarías 3:2
"Y dijo Jehová a Satanás: Jehová te reprenda, oh Satanás; Jehová que ha escogido a Jerusalén te reprenda. ¿No es éste un tizón arrebatado del incendio?"

Efesios 5:27
"A fin de presentársela a sí mismo, una iglesia gloriosa, que no tuviese mancha ni arruga ni cosa semejante, sino que fuese santa y sin mancha."

Hechos 3:19, 20
"Así que, arrepentíos y convertíos, para que sean borrados vuestros pecados; para que vengan de la presencia del Señor tiempos de refrigerio, y él envíe a Jesucristo, que os fue antes anunciado."

Hebreos 9:28
"Así también Cristo fue ofrecido una sola vez para llevar los pecados de muchos; y aparecerá por segunda vez, sin relación con el pecado, para salvar a los que le esperan."

Proverbios 28:13
"El que encubre sus pecados no prosperará; mas el que los confiesa y se aparta alcanzará misericordia."

2 Corintios 12:9
"Y me ha dicho: Bástate mi gracia; porque mi poder se perfecciona en la debilidad. Por tanto, de buena gana me gloriaré más bien en mis debilidades, para que repose sobre mí el poder de Cristo."

Mateo 11:29, 30
"Llevad mi yugo sobre vosotros, y aprended de mí, que soy manso y humilde de corazón; y hallaréis descanso para vuestras almas; porque mi yugo es fácil, y ligera mi carga."

Capítulo 8: La Expiación

Marcos 13:33, 35, 36

"Mirad, velad y orad; porque no sabéis cuándo será el tiempo.... Velad, pues, porque no sabéis cuándo vendrá el señor de la casa; si al anochecer, o a la medianoche, o al canto del gallo, o a la mañana."

Apocalipsis 22:11, 12

"El que es injusto, sea injusto todavía; y el que es inmundo, sea inmundo todavía; y el que es justo, practique la justicia todavía; y el que es santo, santifíquese todavía. He aquí yo vengo pronto, y mi galardón conmigo, para recompensar a cada uno según sea su obra."

Mateo 24:39

"Y no entendieron hasta que vino el diluvio y se los llevó a todos, así será también la venida del Hijo del Hombre."

Daniel 5:27

"TEKEL: Pesado has sido en balanza, y fuiste hallado falto."

El Conflicto de los Siglos, **pp. 472-481**

"En el rito típico, solo aquellos que se habían presentado ante Dios arrepintiéndose y confesando sus pecados, y cuyas iniquidades eran llevadas al santuario por medio de la sangre del holocausto, tenían participación en el servicio del día de las expiaciones. Así en el gran día de la expiación final y del juicio, los únicos casos que se consideran son los de quienes hayan profesado ser hijos de Dios. El juicio de los impíos es obra distinta y se verificará en fecha posterior. 'Es tiempo de que el juicio comience de la casa de Dios: y si primero comienza por nosotros, ¿qué será el fin de aquellos que no obedecen al evangelio?' 1 Pedro 4:17.

"Los libros del cielo, en los cuales están consignados los nombres y los actos de los hombres, determinarán [las decisiones] del juicio. El profeta Daniel dice: 'El Juez se sentó, y los libros se abrieron.' San Juan, describiendo la misma escena en el Apocalipsis, agrega: 'Y otro libro fue abierto, el cual es de la vida: y fueron juzgados los muertos por las cosas que estaban escritas en los libros, según sus obras.' Apocalipsis 20:12.

"El libro de la vida contiene los nombres de todos los que entraron alguna vez en el servicio de Dios. Jesús dijo a sus discípulos: 'Gozaos de que vuestros nombres están escritos en los cielos.' Lucas 10:20. ... Pablo habla de sus fieles compañeros de trabajo, 'cuyos nombres están en el libro de la vida.' Filipenses 4:3. Daniel, vislumbrando un 'tiempo de angustia, cual nunca fue,' declara que el pueblo de Dios será librado, es decir, 'todos los que se hallaren escritos en el libro.' Daniel 12:1. Y San Juan dice en el Apocalipsis que solo entrarán en la ciudad de Dios aquellos cuyos nombres 'están escritos en el libro de la vida del Cordero.' Apocalipsis 21:27.

"Delante de Dios está escrito 'un libro de memoria,' en el cual quedan consignadas las buenas obras de 'los que temen a Jehová, y de los que piensan en su nombre.' Malaquías 3:16 (VM). Sus palabras de fe, sus actos de amor, están registrados en el cielo. A esto se refiere Nehemías cuando dice: '¡Acuérdate de mí, oh Dios mío, ... y no borres mis obras piadosas que he hecho por la Casa de mi Dios!' Nehemías 13:14 (VM). En el 'libro de memoria' de Dios, todo acto de justicia está inmortalizado. Toda tentación resistida, todo pecado vencido, toda palabra de tierna compasión, están fielmente consignados, y apuntados también todo acto de sacrificio, todo padecimiento y todo pesar sufridos por causa de Cristo. El salmista dice: 'Tú cuentas los pasos de mi vida errante: pon mis lágrimas en tu redoma: ¿no están en tu libro?' Salmos 56:8 (VM).

"Hay además un registro en el cual figuran los pecados de los hombres. 'Pues que Dios traerá toda obra a juicio juntamente con toda cosa encubierta, sea buena o sea mala.' Eclesiastés 12:14 (VM). 'De toda palabra ociosa que hablaren los hombres, darán cuenta en el día del juicio.' Dice el Salvador: 'Por tus palabras serás justificado, y por tus palabras serás condenado.' Mateo 12:36, 37 (VM). Los propósitos y motivos secretos aparecen en el registro infalible, pues Dios 'sacará a luz las obras encubiertas de las tinieblas, y pondrá de manifiesto los propósitos de los corazones.' 1 Corintios 4:5 (VM). 'He aquí que esto está escrito delante de mí: ... vuestras iniquidades y las iniquidades de vuestros padres juntamente, dice Jehová.' Isaías 65:6, 7 (VM).

"La obra de cada uno pasa bajo la mirada de Dios, y es registrada e imputada ya como señal de fidelidad ya de infidelidad. Frente a cada nombre, en los libros del cielo, aparecen, con terrible exactitud, cada mala palabra, cada acto egoísta, cada deber descuidado, y cada pecado secreto, con [todo el disímulo artístico]. Las admoniciones o reconvenciones divinas despreciadas, los momentos perdidos, las oportunidades desperdiciadas, la influencia ejercida para bien o para mal, con sus abarcantes resultados, todo fue registrado por el ángel anotador....

"Los que en el juicio 'serán tenidos por dignos,' tendrán parte en la resurrección de los justos. Jesús dijo: 'Los que serán tenidos por dignos de alcanzar aquel siglo venidero, y la resurrección de entre los muertos, ... son iguales a los ángeles, y son hijos de Dios, siendo hijos de la resurrección.' Lucas 20:35, 36 (VM). Y además declara que 'los que hicieron bien saldrán a resurrección de vida.' Juan 5:29. Los justos ya muertos no serán resucitados más que después del juicio en el cual habrán sido juzgados dignos de la 'resurrección de vida.' No estarán pues presentes en persona ante el tribunal cuando sus registros sean examinados y sus [casos decididos].

"Jesús aparecerá como el abogado de ellos, para interceder en su favor ante Dios. 'Si alguno hubiere pecado, abogado tenemos para con el Padre, a saber, Jesucristo el justo.' 1 Juan 2:1. 'Porque no entró Cristo en un lugar santo hecho de mano, que es una mera representación del verdadero, sino en el cielo mismo, para presentarse ahora delante de Dios por nosotros.' 'Por lo cual también, puede salvar hasta lo sumo a los que se acercan a Dios por medio de él, viviendo siempre para interceder por ellos.' Hebreos 9:24; 7:25 (VM).

"A medida que los libros de memoria se van abriendo en el juicio, las vidas de todos los que hayan creído en Jesús pasan ante Dios para ser examinadas por él. Empezando con los que vivieron los primeros en la tierra, nuestro Abogado presenta los casos de cada generación sucesiva, y termina con los vivos. Cada nombre es mencionado, cada caso cuidadosamente investigado. Habrá nombres que serán aceptados, y otros rechazados. En caso de que alguien tenga en los libros de memoria pecados de los cuales no se haya arrepentido y que no hayan sido perdonados, su nombre será borrado del libro de la vida, y la mención de sus buenas obras será borrada de los registros de Dios. El Señor declaró a Moisés: 'Al que haya pecado contra mí, a este borraré de mi libro.' Éxodo 32:33 (VM). Y el profeta Ezequiel dice: 'Si el justo se apartare de su justicia, y cometiere maldad, ... todas las justicias que hizo no vendrán en memoria.' Ezequiel 18:4.

"A todos los que se hayan arrepentido verdaderamente de su pecado, y que hayan aceptado con fe la sangre de Cristo como su sacrificio expiatorio, se les ha inscrito el perdón frente a sus nombres en los libros del cielo; como llegaron a ser partícipes de la justicia de Cristo y su carácter está en armonía con la ley de Dios, sus pecados serán borrados, y ellos mismos serán juzgados dignos de la vida eterna. El Señor declara por el profeta Isaías: 'Yo, yo soy aquel que borro tus transgresiones a causa de mí mismo, y no me acordaré más de tus pecados.' Isaías 43:25 (VM). Jesús dijo: 'El que venciere, será así revestido de ropas blancas; y no borraré su nombre del libro de la vida, sino confesaré su nombre delante de mi Padre, y delante de sus santos ángeles.' 'A todo aquel, pues, que me confesare delante de los hombres, le confesaré yo también delante de mi Padre que está en los cielos. Pero a cualquiera que me negare delante de los hombres, le negaré yo también delante de mi Padre que está en los cielos.' Apocalipsis 3:5; Mateo 10:32, 33.

"Todo el más profundo interés manifestado entre los hombres por [las decisiones] de los tribunales terrenales no representa sino débilmente el interés manifestado en los atrios celestiales cuando los nombres inscritos en el libro de la vida desfilen ante el Juez de toda la tierra. El divino Intercesor aboga en favor de todos los que han vencido por la fe en su sangre para que se les perdonen sus transgresiones, a fin de que sean restablecidos en su morada edénica y coronados con él coherederos del 'señorío primero.' Miqueas 4:8. Con sus esfuerzos para engañar y tentar a nuestra raza, Satanás había pensado frustrar el plan que Dios tenía al crear al hombre, pero Cristo pide ahora que este plan sea llevado a cabo como si el hombre no hubiese caído jamás. Pide para su pueblo, no solo el perdón y la justificación, plenos y completos, sino además participación en su gloria y un asiento en su trono....

"Jesús no disculpa sus pecados, pero muestra su arrepentimiento y su fe, y, reclamando el perdón para ellos, levanta sus manos heridas ante el Padre y los santos ángeles, diciendo: Los conozco por sus nombres. Los he grabado en las palmas de mis manos. 'Los sacrificios de Dios son el espíritu quebrantado: al corazón contrito y humillado no despreciarás tú, oh Dios.' Salmos 51:17. Y al acusador de su pueblo le dice: 'Jehová te reprenda, oh Satán; Jehová, que ha escogido a Jerusalén, te reprenda. ¿No es este un tizón arrebatado del incendio?' Zacarías 3:2. Cristo revestirá a sus fieles con su propia justicia, para presentarlos a su Padre como una 'iglesia gloriosa, no teniendo mancha, ni arruga, ni otra cosa semejante.' Efesios 5:27 (VM). Sus nombres están inscritos en el libro de la vida, y de estos escogidos está escrito: 'Andarán conmigo en vestiduras blancas; porque son dignos.' Apocalipsis 3:4.

"La obra del juicio investigador y el acto de borrar los pecados deben realizarse antes del segundo advenimiento del Señor. En vista de que los muertos han de ser juzgados según las cosas escritas en los libros, es imposible que los pecados de los hombres sean borrados antes del fin del juicio en que sus vidas han de ser examinadas. Pero el apóstol Pedro dice terminantemente que los pecados de los creyentes serán borrados 'cuando vendrán los tiempos del refrigerio de la presencia del Señor, y enviará a Jesucristo.' Hechos 3:19, 20. Cuando el juicio investigador haya concluido, Cristo vendrá con su recompensa para dar a cada cual según sus obras.

"En el servicio ritual típico el sumo sacerdote, hecha la propiciación por Israel, salía y bendecía a la congregación. Así también Cristo, una vez terminada su obra de mediador, aparecerá 'sin pecado ... para la salvación' (Hebreos 9:28, VM), para bendecir con el don de la vida eterna a su pueblo que le espera. Así como, al quitar los pecados del santuario, el sacerdote los confesaba sobre la cabeza del macho cabrío emisario, así también Cristo colocará todos estos pecados sobre Satanás, autor e instigador del pecado. El macho cabrío emisario, que cargaba con los pecados de Israel, era enviado 'a tierra inhabitada' (Levítico 16:22); así también Satanás, cargado con la responsabilidad de todos los pecados que ha hecho cometer al pueblo de Dios, será confinado durante mil años en la tierra entonces desolada y sin habitantes, y sufrirá finalmente la entera penalidad del pecado en el fuego que destruirá a todos los impíos. Así el gran plan de la redención alcanzará su cumplimiento en la extirpación final del pecado y la liberación de todos los que estuvieron dispuestos a renunciar al mal.

"En el tiempo señalado para el juicio—al fin de los 2.300 días, en 1844—empezó la obra de investigación y el acto de borrar los pecados. Todos los que hayan profesado el nombre de Cristo deben pasar por ese riguroso examen. Tanto los vivos como los muertos deben ser juzgados 'de acuerdo con las cosas escritas en los libros, según sus obras.'

"Los pecados que no hayan inspirado arrepentimiento y que no hayan sido abandonados, no serán perdonados ni borrados de los libros de memoria, sino que permanecerán como testimonio contra el pecador en el día de Dios. Puede el pecador haber cometido sus malas acciones a la luz del día o en la oscuridad de la noche; eran conocidas y manifiestas para Aquel a quien tenemos que dar cuenta. Hubo siempre ángeles de Dios que fueron testigos de cada pecado, y lo registraron en los libros infalibles. El pecado puede ser ocultado, negado, encubierto para un padre, una madre, una esposa, o para los hijos y los amigos; nadie, fuera de los mismos culpables tendrá tal vez la más mínima sospecha del mal; no deja por eso de quedar al descubierto ante los seres celestiales. La oscuridad de la noche más sombría, el misterio de todas las artes engañosas, no alcanzan a velar un solo pensamiento para el conocimiento del Eterno. Dios lleva un registro exacto de todo acto injusto e ilícito. No se deja engañar por una apariencia de piedad. No se equivoca en su apreciación del carácter. Los hombres pueden ser engañados por [aquellos] de corazón corrompido, pero Dios penetra todos los disfraces y lee la vida interior.

"¡Qué pensamiento tan solemne! Cada día que transcurre lleva consigo su caudal de apuntes para los libros del cielo. Una palabra pronunciada, un acto cometido, no pueden ser jamás retirados. Los ángeles tomaron nota tanto de lo bueno como de lo malo. El más poderoso conquistador de este mundo no puede revocar el registro de un solo día siquiera. Nuestros actos, nuestras palabras, hasta nuestros más secretos motivos, todo tiene su peso en la decisión de nuestro destino para dicha o desdicha. Podremos olvidarlos, pero no por eso dejarán de testificar en nuestro favor o contra nosotros.

"Así como los rasgos de la fisonomía son reproducidos con minuciosa exactitud sobre la pulida placa del artista, así también está el carácter fielmente delineado en los libros del cielo. No obstante ¡cuán poca preocupación se siente respecto a ese registro que debe ser examinado por los seres celestiales! Si se pudiese descorrer el velo que separa el mundo visible del invisible, y los hijos de los hombres pudiesen ver a un ángel apuntar cada palabra y cada acto que volverán a encontrar en el día del juicio, ¡cuántas palabras de las que se pronuncian cada día no se dejarían de pronunciar; cuántos actos no se dejarían sin realizar!

"En el juicio se examinará el empleo que se haya hecho de cada talento. ¿Cómo hemos empleado el capital que el cielo nos concediera? A su venida ¿recibirá el Señor lo que es suyo con interés? ¿Hemos perfeccionado las facultades que fueran confiadas a nuestras manos, a nuestros corazones y a nuestros cerebros para la gloria de Dios y provecho del mundo? ¿Cómo hemos empleado nuestro tiempo, nuestra pluma, nuestra, voz, nuestro dinero, nuestra influencia? ¿Qué hemos hecho por Cristo en la persona de los pobres, de los afligidos, de los huérfanos o de las viudas? Dios nos hizo depositarios de su santa Palabra; ¿qué hemos hecho con la luz y la verdad que se nos confió para hacer a los hombres sabios para la salvación? No se da ningún valor a una mera profesión de fe en Cristo, solo se tiene por genuino el amor que se muestra en las obras. Con todo, el amor es lo único que ante los ojos del cielo da valor a un acto cualquiera. Todo lo que se hace por amor, por insignificante que aparezca en opinión de los hombres, es aceptado y recompensado por Dios.

"El egoísmo escondido de los hombres aparece en los libros del cielo. Allí está el registro de los deberes que no cumplieron para con el prójimo, el de su olvido de las exigencias del Señor. Allí se verá cuán a menudo fueron dados a Satanás tiempo, pensamientos y energías que pertenecían a Cristo. [Muy] tristes son los apuntes que los ángeles llevan al cielo. Seres inteligentes que profesan ser discípulos de Cristo están absorbidos por la adquisición de bienes mundanos, o por el goce de los placeres terrenales. El dinero, el tiempo y las energías son sacrificados a la ostentación y al egoísmo; pero pocos son los momentos dedicados a orar, a estudiar las Sagradas Escrituras, a humillar el alma y a confesar los pecados....

"Los que desean participar de los beneficios de la mediación del Salvador no deben permitir que cosa alguna les impida cumplir su deber de perfeccionarse en la santificación en el temor de Dios. En vez de dedicar horas preciosas a los placeres, a la ostentación o a la búsqueda de ganancias, las consagrarán a un estudio serio y con oración de la Palabra de verdad El pueblo de Dios debería comprender claramente el asunto del santuario y del juicio investigador. Todos necesitan conocer por sí mismos el ministerio y la obra de su gran Sumo Sacerdote. De otro modo, les será imposible ejercitar la fe tan esencial en nuestros tiempos, o desempeñar el puesto al que Dios los llama. Cada cual tiene un alma que salvar o que perder. Todos tienen una causa pendiente ante el tribunal de Dios. Cada cual deberá encontrarse cara a cara con el gran Juez. ¡Cuán importante es, pues, que cada uno contemple a menudo de antemano la solemne escena del juicio en sesión, cuando serán abiertos los libros, cuando con Daniel, cada cual tendrá que estar en pie al fin de los días!

"Todos los que han recibido la luz sobre estos asuntos deben dar testimonio de las grandes verdades que Dios les ha confiado. El santuario en el cielo es el centro mismo de la obra de Cristo en favor de los hombres. Concierne a toda alma que vive en la tierra. Nos revela el plan de la redención, nos conduce hasta el fin mismo del tiempo y anuncia el triunfo final de la lucha entre la justicia y el pecado. Es de la mayor importancia que todos investiguen a fondo estos asuntos, y que estén siempre prontos a dar respuesta a todo aquel que les pidiere razón de la esperanza que hay en ellos.

"La intercesión de Cristo por el hombre en el santuario celestial es tan esencial para el plan de la salvación como lo fue su muerte en la cruz. Con su muerte dio principio a aquella obra para cuya conclusión ascendió al cielo después de su resurrección. Por la fe debemos entrar velo adentro, 'donde entró por nosotros como precursor Jesús.' Hebreos 6:20. Allí se refleja la luz de la cruz del Calvario; y allí podemos obtener una comprensión más clara de los misterios de la redención, La salvación del hombre se cumple a un precio infinito para el cielo; el sacrificio hecho corresponde a las más amplias exigencias de la ley de Dios quebrantada. Jesús abrió el camino que lleva al trono del Padre, y por su mediación pueden ser presentados ante Dios los deseos sinceros de todos los que a él se [acercan] con fe.

"'El que encubre sus transgresiones, no prosperará; mas el que las confiesa y las abandona, alcanzará misericordia.' Proverbios 28:13 (VM). Si los que esconden y disculpan sus faltas pudiesen ver cómo Satanás se alegra de ello, y los usa para desafiar a Cristo y sus santos ángeles, se apresurarían a confesar sus pecados, y a renunciar a ellos. De los defectos de carácter se vale Satanás para intentar dominar toda la mente, y sabe muy bien que si se conservan estos defectos, lo logrará. De ahí que trate constantemente de engañar a los discípulos de Cristo con su fatal sofisma de que les es imposible vencer. Pero Jesús aboga en su favor con sus manos heridas, su cuerpo quebrantado, y declara a todos los que quieran seguirle: 'Bástate mi gracia.' 2 Corintios 12:9. 'Llevad mi yugo sobre vosotros, y aprended de mi, que soy manso y humilde de corazón; y hallaréis descanso para vuestras almas. Porque mi yugo es fácil, y ligera mi carga.' Mateo 11:29, 30. Nadie considere, pues, sus defectos como incurables. Dios concederá fe y gracia para vencerlos.

"Estamos viviendo ahora en el gran día de la expiación. Cuando en el servicio simbólico el sumo sacerdote hacia la propiciación por Israel, todos debían afligir sus almas arrepintiéndose de sus pecados y humillándose ante el Señor, si no querían verse separados del pueblo. De la misma manera, todos los que desean que sus nombres sean conservados en el libro de la vida, deben ahora, en los pocos días que les quedan de este tiempo de gracia, afligir sus almas ante Dios con verdadero arrepentimiento y dolor por sus pecados. Hay que escudriñar honda y sinceramente el corazón. Hay que deponer el espíritu liviano y frívolo al que se entregan tantos cristianos de profesión. Empeñada lucha espera a todos aquellos que quieran subyugar las malas inclinaciones que tratan de dominarlos. La obra de preparación es obra individual. No somos salvados en grupos. La pureza y la devoción de uno no suplirá la falta de estas cualidades en otro. Si bien todas las naciones deben pasar en juicio ante Dios, sin embargo, él examinará el caso de cada individuo de un modo tan rígido y minucioso como si no hubiese otro ser en la tierra. Cada cual tiene que ser probado y encontrado sin mancha, ni arruga, ni cosa semejante.

> ""Cuando quede concluida la obra del juicio investigador, quedará también decidida la suerte de todos para vida o para muerte."

"Solemnes son las escenas relacionadas con la obra final de la expiación. Incalculables son los intereses que esta envuelve. El juicio se lleva ahora adelante en el santuario celestial. Esta obra se viene realizando desde hace muchos años. Pronto—nadie sabe cuándo—les tocará ser juzgados a los vivos. En la augusta presencia de Dios nuestras vidas deben ser [revisadas]. En este más que en cualquier otro tiempo conviene que toda alma preste atención a la amonestación del Señor: 'Velad y orad: porque no sabéis cuándo será el tiempo.' 'Y si no velares, vendré a ti como ladrón, y no sabrás en qué hora vendré a ti.' Marcos 13:33; Apocalipsis 3:3.

"Cuando quede concluida la obra del juicio investigador, quedará también decidida la suerte de todos para vida o para muerte. El tiempo de gracia terminará poco antes de que el Señor aparezca en las nubes del cielo. Al mirar hacia ese tiempo, Cristo declara en el Apocalipsis: '¡El que es injusto, sea injusto aún; y el que es sucio, sea sucio aún; y el que es justo, sea justo aún; y el que es santo, sea aún santo! He aquí, yo vengo presto, y, mi galardón está conmigo, para dar la recompensa a cada uno según sea su obra.' Apocalipsis 22:11, 12 (VM).

"Los justos y los impíos continuarán viviendo en la tierra en su estado mortal, los hombres seguirán plantando y edificando, comiendo y bebiendo, inconscientes todos ellos de que la decisión final e irrevocable ha sido pronunciada en el santuario celestial. Antes del diluvio, después que Noé, hubo entrado en el arca, Dios le encerró en ella, dejando fuera a los impíos; pero por espacio de siete días el pueblo, no sabiendo que su suerte estaba decidida continuó en su indiferente búsqueda de placeres y se mofó de las advertencias del juicio que le amenazaba. 'Así'—dice el Salvador—'será también la venida del Hijo del hombre.' Mateo 24:39. Inadvertida como ladrón a medianoche, llegará la hora decisiva que fija el destino de cada uno, cuando será retirado definitivamente el ofrecimiento de la gracia que se dirigiera a los culpables.

"'¡Velad pues; … no sea que, viniendo de repente, os halle dormidos!' Marcos 13:35, 36 (VM). Peligroso es el estado de aquellos que, cansados de velar, se vuelven a los atractivos del mundo. Mientras que el hombre de negocios está absorto en el afán de lucro, mientras el amigo de los placeres corre tras ellos, mientras la esclava de la moda está ataviándose, puede llegar el momento en que el juez de toda la tierra pronuncie la sentencia: 'Has sido pesado en la balanza y has sido hallado falto.' Daniel 5:27 (VM)."

La Segunda Venida de Cristo (La Batalla de Armagedón)

Malaquías 3:5
"Y vendré a vosotros para juicio; y seré pronto testigo contra los hechiceros y adúlteros, contra los que juran mentira, y los que defraudan en su salario al jornalero, a la viuda y al huérfano, y los que hacen injusticia al extranjero, no teniendo temor de mí, dice Jehová de los ejércitos."

Judas 14, 15
"De éstos también profetizó Enoc, séptimo desde Adán, diciendo: He aquí, vino el Señor con sus santas decenas de millares, para hacer juicio contra todos, y dejar convictos a todos los impíos de todas sus obras impías que han hecho impíamente, y de todas las cosas duras que los pecadores impíos han hablado contra él."

El Conflicto de los Siglos, p. 421
"Además de la venida del Señor a su templo, Malaquías predice también su segundo advenimiento, su venida para la ejecución del juicio, en estas palabras: 'Y yo me acercaré a vosotros para juicio; y seré veloz testigo contra los hechiceros, y contra los adúlteros, y contra los que juran en falso, y contra los que defraudan al jornalero de su salario, y oprimen a la viuda y al huérfano, y apartan al extranjero de su

derecho; y no me temen a mí, dice Jehová de los ejércitos.' Malaquías 3:5 (VM). San Judas se refiere a la misma escena cuando dice: '¡He aquí que viene el Señor, con las huestes innumerables de sus santos ángeles, para ejecutar juicio sobre todos, y para convencer a todos los impíos de todas las obras impías que han obrado impíamente!' Judas 14, 15 (VM). Esta venida y la del Señor a su templo son acontecimientos distintos que han de realizarse por separado."

Apocalipsis 19:11-21

"Entonces vi el cielo abierto; y he aquí un caballo blanco, y el que lo montaba se llamaba Fiel y Verdadero, y con justicia juzga y pelea. Sus ojos eran como llama de fuego, y había en su cabeza muchas diademas; y tenía un nombre escrito que ninguno conocía sino él mismo. Estaba vestido de una ropa teñida en sangre; y su nombre es: EL VERBO DE DIOS. Y los ejércitos celestiales, vestidos de lino finísimo, blanco y limpio, le seguían en caballos blancos. De su boca sale una espada aguda, para herir con ella a las naciones, y él las regirá con vara de hierro; y él pisa el lagar del vino del furor y de la ira del Dios Todopoderoso. Y en su vestidura y en su muslo tiene escrito este nombre: REY DE REYES Y SEÑOR DE SEÑORES.

"Y vi a un ángel que estaba en pie en el sol, y clamó a gran voz, diciendo a todas las aves que vuelan en medio del cielo: Venid, y congregaos a la gran cena de Dios, para que comáis carnes de reyes y de capitanes, y carnes de fuertes, carnes de caballos y de sus jinetes, y carnes de todos, libres y esclavos, pequeños y grandes.

"Y vi a la bestia, a los reyes de la tierra y a sus ejércitos, reunidos para guerrear contra el que montaba el caballo, y contra su ejército. Y la bestia fue apresada, y con ella el falso profeta que había hecho delante de ella las señales con las cuales había engañado a los que recibieron la marca de la bestia, y habían adorado su imagen. Estos dos fueron lanzados vivos dentro de un lago de fuego que arde con azufre. Y los demás fueron muertos con la espada que salía de la boca del que montaba el caballo, y todas las aves se saciaron de las carnes de ellos."

El Conflicto de los Siglos, p. 476

"En el servicio ritual típico el sumo sacerdote, hecha la propiciación por Israel, salía y bendecía a la congregación. Así también Cristo, una vez terminada su obra de mediador, aparecerá 'sin pecado ... para la salvación' (Hebreos 9:28, VM), para bendecir con el don de la vida eterna a su pueblo que le espera. Así como, al quitar los pecados del santuario, el sacerdote los confesaba sobre la cabeza del macho cabrío emisario, así también Cristo colocará todos estos pecados sobre Satanás, autor e instigador del pecado. El macho cabrío emisario, que cargaba con los pecados de Israel, era enviado 'a tierra inhabitada' (Levítico 16:22); así también Satanás, cargado con la responsabilidad de todos los pecados que ha hecho cometer al pueblo de Dios, será confinado durante mil años en la tierra entonces desolada y sin habitantes, y sufrirá finalmente la entera penalidad del pecado en el fuego que destruirá a todos los impíos. Así el gran plan de la redención alcanzará su cumplimiento en la extirpación final del pecado y la liberación de todos los que estuvieron dispuestos a renunciar al mal."

Apocalipsis 5:11

"Y miré, y oí la voz de muchos ángeles alrededor del trono, y de los seres vivientes, y de los ancianos; y su número era millones de millones."

Habacuc 3:3, 4
"Dios vendrá de Temán, y el Santo desde el monte de Parán. Su gloria cubrió los cielos, y la tierra se llenó de su alabanza. Y el resplandor fue como la luz; rayos brillantes salían de su mano, y allí estaba escondido su poder."

Isaías 53:3
"Despreciado y desechado entre los hombres, varón de dolores, experimentado en quebranto; y como que escondimos de él el rostro, fue menospreciado, y no lo estimamos."

El Conflicto de los Siglos, p. 624
"Pronto aparece en el este una pequeña nube negra, de un tamaño como la mitad de la palma de la mano. Es la nube que envuelve al Salvador y que a la distancia parece rodeada de oscuridad. El pueblo de Dios sabe que es la señal del Hijo del hombre. En silencio solemne la contemplan mientras va acercándose a la tierra, volviéndose más luminosa y más gloriosa hasta convertirse en una gran nube blanca, cuya base es como fuego consumidor, y sobre ella el arco iris del pacto. Jesús marcha al frente como un gran conquistador. Ya no es 'varón de dolores,' que haya de beber el amargo cáliz de la ignominia y de la maldición; victorioso en el cielo y en la tierra, viene a juzgar a vivos y muertos. 'Fiel y veraz,' 'en justicia juzga y hace guerra.' 'Y los ejércitos que están en el cielo le seguían.' Apocalipsis 19:11, 14 (VM). Con cantos celestiales los santos ángeles, en inmensa e Innumerable muchedumbre, le acompañan en el descenso. El firmamento parece lleno de formas radiantes, 'millones de millones, y millares de millares.' Ninguna pluma humana puede describir la escena, ni mente mortal alguna es capaz de concebir su esplendor. 'Su gloria cubre los cielos, y la tierra se llena de su alabanza. También su resplandor es como el fuego.' Habacuc 3:3, 4 (VM). A medida que va acercándose la nube viviente, todos los ojos ven al Príncipe de la vida. Ninguna corona de espinas hiere ya sus sagradas sienes, ceñidas ahora por gloriosa diadema. Su rostro brilla más que la luz deslumbradora del sol de mediodía. 'Y en su vestidura y en su muslo tiene escrito este nombre: Rey de reyes y Señor de señores.' Apocalipsis 19:16."

1 Corintios 15:52
"En un momento, en un abrir y cerrar de ojos, a la final trompeta; porque se tocará la trompeta, y los muertos serán resucitados incorruptibles, y nosotros seremos transformados."

Mateo 24:31
"Y enviará sus ángeles con gran voz de trompeta, y juntarán a sus escogidos, de los cuatro vientos, desde un extremo del cielo hasta el otro."

El Conflicto de los Siglos, p. 628
"Los justos vivos son mudados 'en un momento, en un abrir de ojo.' A la voz de Dios fueron glorificados; ahora son hechos inmortales, y juntamente con los santos resucitados son arrebatados para recibir a Cristo su Señor en los aires. Los ángeles 'juntarán sus escogidos de los cuatro vientos, de un cabo del cielo hasta el otro.' Santos ángeles llevan niñitos a los brazos de sus madres. Amigos, a quienes la muerte tenía separados desde largo tiempo, se reúnen para no separarse más, y con cantos de alegría suben juntos a la ciudad de Dios.

"En cada lado del carro nebuloso hay alas, y debajo de ellas, ruedas vivientes; y mientras el carro asciende las ruedas gritan: '¡Santo!' y las alas, al moverse, gritan: '¡Santo!' y el cortejo de los ángeles exclama: '¡Santo, santo, santo, es el Señor Dios, el Todopoderoso! Y los redimidos exclaman: '¡Aleluya!' mientras el carro se adelanta hacia la nueva Jerusalén."

El Conflicto de los Siglos, p. 639

"A la venida de Cristo los impíos serán borrados de la superficie de la tierra, consumidos por el espíritu de su boca y destruidos por el resplandor de su gloria. Cristo lleva a su pueblo a la ciudad de Dios, y la tierra queda privada de sus habitantes."

Apocalipsis 20:1-3

"Vi a un ángel que descendía del cielo, con la llave del abismo, y una gran cadena en la mano. Y prendió al dragón, la serpiente antigua, que es el diablo y Satanás, y lo ató por mil años; y lo arrojó al abismo, y lo encerró, y puso su sello sobre él, para que no engañase más a las naciones, hasta que fuesen cumplidos mil años; y después de esto debe ser desatado por un poco de tiempo."

Levítico 16:21

"Y pondrá Aarón sus dos manos sobre la cabeza del macho cabrío vivo, y confesará sobre él todas las iniquidades de los hijos de Israel, todas sus rebeliones y todos sus pecados, poniéndolos así sobre la cabeza del macho cabrío, y lo enviará al desierto por mano de un hombre destinado para esto."

El Conflicto de los Siglos, p. 639, 640

"Toda la tierra tiene el aspecto desolado de un desierto. Las ruinas de las ciudades y aldeas destruidas por el terremoto, los árboles desarraigados, las rocas escabrosas arrojadas por el mar o arrancadas de la misma tierra, están esparcidas por la superficie de esta, al paso que grandes cuevas señalan el sitio donde las montañas fueron rasgadas desde sus cimientos.

"Ahora se realiza el acontecimiento predicho por el último solemne servicio del día de las expiaciones. Una vez terminado el servicio que se cumplía en el lugar santísimo, y cuando los pecados de Israel habían sido quitados del santuario por virtud de la sangre del sacrificio por el pecado, entonces el macho cabrío emisario era ofrecido vivo ante el Señor; y en presencia de la congregación el sumo sacerdote confesaba sobre él 'todas las iniquidades de los hijos de Israel, y todas sus transgresiones, a causa de todos sus pecados, cargándolos así sobre la cabeza del macho cabrío.' Levítico 16:21 (VM). Asimismo, cuando el servicio de propiciación haya terminado en el santuario celestial, entonces, en presencia de Dios y de los santos ángeles y de la hueste de los redimidos, los pecados del pueblo de Dios serán puestos sobre Satanás; se le declarará culpable de todo el mal que les ha hecho cometer. Y así como el macho cabrío emisario era despachado a un lugar desierto, así también Satanás será desterrado en la tierra desolada, sin habitantes y convertida en un desierto horroroso.

"El autor del Apocalipsis predice el destierro de Satanás y el estado caótico y de desolación a que será reducida la tierra; y declara que este estado de cosas subsistirá por mil años. Después de descritas las escenas de la segunda venida del Señor y la destrucción de los impíos, la profecía prosigue: 'Y vi un ángel descender del cielo, que tenía la llave del abismo, y una grande cadena en su mano. Y prendió al dragón, aquella serpiente antigua, que es el Diablo y Satanás, y le ató por mil años; y arrojólo al abismo, y le encerró, y selló sobre él, porque no engañe más a las naciones, hasta que mil años sean cumplidos: y después de esto es necesario que sea desatado un poco de tiempo.' Apocalipsis 20:1-3."

El Juicio / La Fase de Sentencia

Apocalipsis 20:4-6

"Y vi tronos, y se sentaron sobre ellos los que recibieron facultad de juzgar; y vi las almas de los decapitados por causa del testimonio de Jesús y por la palabra de Dios, los que no habían adorado a la bestia ni a su imagen, y que no recibieron la marca en sus frentes ni en sus manos; y vivieron y reinaron con Cristo mil años. Pero los otros muertos no volvieron a vivir hasta que se cumplieron mil años. Esta es la primera resurrección. Bienaventurado y santo el que tiene parte en la primera resurrección; la segunda muerte no tiene potestad sobre éstos, sino que serán sacerdotes de Dios y de Cristo, y reinarán con él mil años."

El Juicio / La Fase de Ejecución

Malaquías 4:1, 2
"Porque he aquí, viene el día ardiente como un horno, y todos los soberbios y todos los que hacen maldad serán estopa; aquel día que vendrá los abrasará, ha dicho Jehová de los ejércitos, y no les dejará ni raíz ni rama. Mas a vosotros los que teméis mi nombre, nacerá el Sol de justicia, y en sus alas traerá salvación; y saldréis, y saltaréis como becerros de la manada."

2 Pedro 3:10
"Pero el día del Señor vendrá como ladrón en la noche; en el cual los cielos pasarán con grande estruendo, y los elementos ardiendo serán deshechos, y la tierra y las obras que en ella hay serán quemadas."

Isaías 34:8
"Porque es día de venganza de Jehová, año de retribuciones en [la causa] de Sion."

Salmo 28:4
"Dales conforme a su obra, y conforme a la perversidad de sus hechos; dales su merecido conforme a la obra de sus manos."

Isaías 14:7
"Toda la tierra está en reposo y en paz; se cantaron alabanzas."

Apocalipsis 19:6
"Y oí como la voz de una gran multitud, como el estruendo de muchas aguas, y como la voz de grandes truenos, que decía: ¡Aleluya, porque el Señor nuestro Dios Todopoderoso reina!"

Salmo 84:11
"Porque sol y escudo es Jehová Dios; gracia y gloria dará Jehová. no quitará el bien a los que andan en integridad."

El Conflicto de los Siglos, p. 652, 653
"Dios hace descender fuego del cielo. La tierra está quebrantada. Salen a relucir las armas escondidas en sus profundidades. Llamas devoradoras se escapan por todas partes de grietas amenazantes. Hasta las rocas están ardiendo. Ha llegado el día que arderá como horno. Los elementos se disuelven con calor abrasador, la tierra también y las obras que hay en ella están abrasadas. Malaquías 4:2; 2 Pedro 3:10. La superficie de la tierra parece una masa fundida un inmenso lago de fuego hirviente. Es la hora del juicio y perdición de los hombres impíos, 'es día de venganza de Jehová, año de retribuciones en [la causa] de Sion.' Isaías 34:8.

"Los impíos reciben su recompensa en la tierra. Proverbios 11:31. 'Serán estopa; y aquel día que vendrá, los abrasará, ha dicho Jehová de los ejércitos.' Malaquías 4:1. Algunos son destruidos como en un momento, mientras otros sufren muchos días. Todos son castigados 'conforme a sus hechos.' Habiendo sido cargados sobre Satanás los pecados de los justos, tiene este que sufrir no solo por su propia rebelión, sino también por todos los pecados que hizo cometer al pueblo de Dios. Su castigo debe ser mucho mayor que el de aquellos a quienes engañó. Después de haber perecido todos los que cayeron por sus seducciones, el diablo tiene que seguir viviendo y sufriendo. En las llamas purificadoras, quedan por fin destruidos los impíos, raíz y rama: Satanás la raíz, sus secuaces las ramas. La penalidad completa de la ley ha sido aplicada; las exigencias de la justicia han sido satisfechas; y el cielo y la tierra al contemplarlo, proclaman la justicia de Jehová.

"La obra de destrucción de Satanás ha terminado para siempre. Durante seis mil años obró a su gusto, llenando la tierra de dolor y causando penas por todo el universo. Toda la creación gimió y sufrió en angustia. Ahora las criaturas de Dios han sido libradas para siempre de su presencia y de sus tentaciones. '¡Ya descansa y está en quietud toda la tierra; prorrumpen los hombres [justos] en cánticos!' Isaías 14:7 (VM). Y un grito de adoración y triunfo sube de entre todo el universo leal. Se oye 'como si fuese el estruendo de una gran multitud, y como si fuese el estruendo de muchas aguas, y como si fuese el estruendo de poderosos truenos, que decían: ¡Aleluya; porque reina el Señor Dios, el Todopoderoso!' Apocalipsis 19:6 (VM).

"Mientras la tierra estaba envuelta en el fuego de la destrucción, los justos vivían seguros en la ciudad santa. La segunda muerte no tiene poder sobre los que tuvieron parte en la primera resurrección. Mientras Dios es para los impíos un fuego devorador, es para su pueblo un sol y un escudo. Apocalipsis 20:6; Salmo 84:11."

Restauración del Reino de Gloria

Apocalipsis 21:1
"Vi un cielo nuevo y una tierra nueva; porque el primer cielo y la primera tierra pasaron, y el mar ya no existía más."

Isaías 63:1
"¿Quién es éste que viene de Edom, de Bosra, con vestidos rojos? ¿éste hermoso en su vestido, que marcha en la grandeza de su poder? Yo, el que hablo en justicia, grande para salvar."

Efesios 1:14
"Que es las arras de nuestra herencia hasta la redención de la posesión adquirida, para alabanza de su gloria."

Isaías 45:18
"Porque así dijo Jehová, que creó los cielos; él es Dios, el que formó la tierra, el que la hizo y la compuso; no la creó en vano, para que fuese habitada la creó: Yo soy Jehová, y no hay otro."

Salmo 37:29
"Los justos heredarán la tierra, y vivirán para siempre sobre ella."

El Conflicto de los Siglos, p. 653
"'Vi un cielo nuevo y una tierra nueva; porque el primer cielo y la primera tierra han pasado.' Apocalipsis 21:1 (VM). El fuego que consume a los impíos purifica la tierra. Desaparece todo rastro de la maldición. Ningún infierno que arda eternamente recordará a los redimidos las terribles consecuencias del pecado.

"Solo queda un recuerdo: nuestro Redentor llevará siempre las señales de su crucifixión. En su cabeza herida, en su costado, en sus manos y en sus pies se ven las únicas huellas de la obra cruel efectuada por el pecado. El profeta, al contemplar a Cristo en su gloria, dice: 'Su resplandor es como el fuego, y salen de su mano rayos de luz; y allí mismo está el escondedero de su poder.' Habacuc 3:4 (VM). En sus manos, y su costado heridos, de donde manó la corriente purpurina que reconcilió al hombre con Dios, allí está la gloria del Salvador, 'allí mismo está el escondedero de su poder.' 'Poderoso para salvar' por el sacrificio de la redención, fue por consiguiente fuerte para ejecutar la justicia para con aquellos que despreciaron la misericordia de Dios. Y las marcas de su humillación son su mayor honor; a través de las edades eternas, las llagas del Calvario proclamarán su alabanza y declararán su poder.

"'¡Oh, torre del rebaño, colina de la hija de Sión, a ti te llegará; sí, a ti vendrá el dominio anterior!' Miqueas 4:8 (VM). Llegó el momento por el cual suspiraron los santos desde que la espada de fuego expulsó a la primera pareja del paraíso, el tiempo de 'la redención de la posesión adquirida.' Efesios 1:14. La tierra dada al principio al hombre para que fuera su reino, entregada alevosamente por él a manos de Satanás, y conservada durante tanto tiempo por el poderoso enemigo, ha sido recuperada mediante el gran plan de la redención. Todo lo que se había perdido por el pecado, ha sido restaurado. 'Así dice Jehová, ... el que formó la tierra y la hizo, el cual la estableció; no en vano la creó, sino que para ser habitada la formó.' Isaías 45:18 (VM). El propósito primitivo que tenía Dios al crear la tierra se cumple al convertirse esta en la morada eterna de los redimidos. 'Los justos heredarán la tierra, y vivirán para siempre sobre ella.' Salmos 37:29."

Isaías 66:22, 23

"Porque como los cielos nuevos y la nueva tierra que yo hago permanecerán delante de mí, dice Jehová, así permanecerá vuestra descendencia y vuestro nombre. Y de mes en mes, y de día de reposo en día de reposo, vendrán todos a adorar delante de mí, dijo Jehová."

El Conflicto de los Siglos, p. 657

"El gran conflicto ha terminado. Ya no hay más pecado ni pecadores. Todo el universo está purificado. La misma pulsación de armonía y de gozo late en toda la creación. De Aquel que todo lo creó manan vida, luz y contentamiento por toda la extensión del espacio infinito. Desde el átomo más imperceptible hasta el mundo más vasto, todas las cosas animadas e inanimadas, declaran en su belleza sin mácula y en júbilo perfecto, que Dios es amor."

"Aquí está la paciencia de los santos,
los que guardan los mandamientos de Dios y la fe de Jesús."
Apocalipsis 14:12

"Me fueron mostrados tres escalones: los mensajes del primer ángel, del segundo y del tercero."

"Estos mensajes me fueron representados como un áncora para el pueblo de Dios.
Quienes los comprendan y acepten quedarán libres
de verse arrastrados por los muchos engaños de Satanás."
Primeros Escritos, pp. 258, 256

Capítulo 9
El Mensaje de los Tres Ángeles

Introducción

Apocalipsis 14:6-12
"Vi volar por en medio del cielo a otro ángel, que tenía el evangelio eterno para predicarlo a los moradores de la tierra, a toda nación, tribu, lengua y pueblo, diciendo a gran voz: Temed a Dios, y dadle gloria, porque la hora de su juicio ha llegado; y adorad a aquel que hizo el cielo y la tierra, el mar y las fuentes de las aguas.

"Otro ángel le siguió, diciendo: Ha caído, ha caído Babilonia, la gran ciudad, porque ha hecho beber a todas las naciones del vino del furor de su fornicación.

"Y el tercer ángel los siguió, diciendo a gran voz: Si alguno adora a la bestia y a su imagen, y recibe la marca en su frente o en su mano, él también beberá del vino de la ira de Dios, que ha sido vaciado puro en el cáliz de su ira; y será atormentado con fuego y azufre delante de los santos ángeles y del Cordero; y el humo de su tormento sube por los siglos de los siglos. Y no tienen reposo de día ni de noche los que adoran a la bestia y a su imagen, ni nadie que reciba la marca de su nombre.

"Aquí está la paciencia de los santos, los que guardan los mandamientos de Dios y la fe de Jesús."

Apocalipsis 14:15
"Y del templo salió otro ángel, clamando a gran voz al que estaba sentado sobre la nube: Mete tu hoz, y siega; porque la hora de segar ha llegado, pues la mies de la tierra está madura."

El Conflicto de los Siglos, **p. 311**
"Una gran obra de reforma debía realizarse para preparar a un pueblo que pudiese subsistir en el día de Dios. El Señor vio que muchos de los que profesaban pertenecer a su pueblo no edificaban para la eternidad, y en su misericordia iba a enviar una amonestación para despertarlos de su estupor e inducirlos a prepararse para la venida de su Señor.

"Esta amonestación nos es presentada en el capítulo catorce del Apocalipsis. En él encontramos un triple mensaje proclamado por seres celestiales y seguido inmediatamente por la venida del Hijo del hombre para segar 'la mies de la tierra.' La primera de estas amonestaciones anuncia la llegada del juicio. El profeta vio un ángel 'volando en medio del cielo, teniendo un evangelio eterno que anunciar a los que habitan sobre la tierra, y a cada nación, y tribu, y lengua, y pueblo; y dice a gran voz: ¡Temed a Dios y dadle gloria; porque ha llegado la hora de su juicio; y adorad al que hizo el cielo y la tierra, y el mar y las fuentes de agua!' Apocalipsis 14:6, 7 (VM)."

Eclesiastés 12:13
"El fin de todo el discurso oído es este: Teme a Dios, y guarda sus mandamientos; porque esto es el todo del hombre."

1 Juan 5:3
"Pues este es el amor a Dios, que guardemos sus mandamientos; y sus mandamientos no son gravosos."

Proverbios 28:9
"El que aparta su oído para no oír la ley, su oración también es abominable."

El Conflicto de los Siglos, p. 432
"El primer ángel exhorta a los hombres a que teman al Señor y le den honra y a que le adoren como Creador del cielo y de la tierra. Para poder hacerlo, deben obedecer su ley. El sabio dice: 'Teme a Dios, y guarda sus mandamientos; porque esto es la suma del deber humano.' Eclesiastés 12:13 (VM). Sin obediencia a sus mandamientos, ninguna adoración puede agradar a Dios. 'Este es el amor de Dios, que guardemos sus mandamientos.' 'El que aparte sus oídos para no escuchar la ley, verá que su oración misma es cosa abominable.' 1 Juan 5:3; Proverbios 28:9 (VM)."

El Conflicto de los Siglos, p. 431
"Los que habían aceptado la luz referente a la mediación de Cristo y a la perpetuidad de la ley de Dios, encontraron que estas eran las verdades presentadas en el capítulo 14 del Apocalipsis. Los mensajes de este capítulo constituyen una triple amonestación ... que debe servir para preparar a los habitantes de la tierra para la segunda venida del Señor. La declaración: 'Ha llegado la hora de su juicio,' indica la obra final de la actuación de Cristo para la salvación de los hombres. Proclama una verdad que debe seguir siendo proclamada hasta el fin de la intercesión del Salvador y su regreso a la tierra para llevar a su pueblo consigo. La obra del juicio que empezó en 1844 debe proseguirse hasta que sean falladas las causas de todos los hombres, tanto de los vivos como de los muertos; de aquí que deba extenderse hasta el fin del tiempo de gracia concedido a la humanidad."

Ezequiel 33:7
"A ti, pues, hijo de hombre, te he puesto por atalaya a la casa de Israel, y oirás la palabra de mi boca, y los amonestarás de mi parte."

El Conflicto de los Siglos, p. 377

"Pero las iglesias en general no aceptaron la amonestación. Sus ministros que, como centinelas 'a la casa de Israel.' [Ezequiel 33:7] hubieran debido ser los primeros en discernir las señales de la venida de Jesús, no habían aprendido la verdad, fuese por el testimonio de los profetas o por las señales de los tiempos."

El Conflicto de los Siglos, p. 377
"Al rechazar la amonestación del primer ángel, rechazaron los medios que Dios había provisto para su redención. Despreciaron al mensajero misericordioso que habría enmendado los males que los separaban de Dios, y con mayor ardor volvieron a buscar la amistad del mundo. Tal era la causa del terrible estado de mundanalidad, apostasía y muerte espiritual que imperaba en las iglesias en 1844.

"En el capítulo 14 de Apocalipsis, el primer ángel es seguido de otro que dice: '¡Caída, caída es la gran Babilonia, la cual ha hecho que todas las naciones beban del vino de la ira de su fornicación!' Apocalipsis 14:8 (VM). La palabra 'Babilonia' deriva de 'Babel' y significa confusión. Se emplea en las Santas Escrituras para designar las varias formas de religiones falsas y apóstatas. En el capítulo 17 del Apocalipsis, Babilonia está simbolizada por una mujer, figura que se emplea en la Biblia para representar una iglesia; siendo una mujer virtuosa símbolo de una iglesia pura, y una mujer vil, de una iglesia apóstata."

Éxodo 20:10, 11

"Mas el séptimo día es reposo para Jehová tu Dios; no hagas en él obra alguna, tú, ni tu hijo, ni tu hija, ni tu siervo, ni tu criada, ni tu bestia, ni tu extranjero que está dentro de tus puertas. Porque en seis días hizo Jehová los cielos y la tierra, el mar, y todas las cosas que en ellos hay, y reposó en el séptimo día; por tanto, Jehová bendijo el día de reposo y lo santificó."

El Conflicto de los Siglos, p. 433

"En el capítulo 14 del Apocalipsis se exhorta a los hombres a que adoren al Creador, y la profecía expone a la vista una clase de personas que, como resultado del triple mensaje, guardan los mandamientos de Dios. Uno de estos mandamientos señala directamente a Dios como Creador. El cuarto precepto declara: 'Acuérdate del sábado para santificarlo.... El séptimo día es de reposo para Jehová, tu Dios; ... porque en seis días hizo Jehová los cielos y la tierra, el mar, y todas las cosas que en ellos hay, y reposó en el séptimo día; por tanto, Jehová bendijo el sábado y lo santificó.' Éxodo 20:10, 11 (RV95). Respecto al sábado, el Señor dice, además, que será una 'señal ... para que sepáis que yo soy Jehová vuestro Dios.' Ezequiel 20:20 (RV95). Y la razón aducida es: 'Porque en seis días hizo Jehová los cielos y la tierra, y en el séptimo día cesó, y reposó.' Éxodo 31:17."

El Conflicto de los Siglos, p. 434

"En contraposición con los que guardan los mandamientos de Dios y tienen la fe de Jesús, el tercer ángel señala otra clase de seres humanos contra cuyos errores va dirigido solemne y terrible aviso: '¡Si alguno adora a la bestia y a su imagen, y recibe su marca en su frente, o en su mano, él también beberá del vino de la ira de Dios!' Apocalipsis 14:9, 10 (VM). Para comprender este mensaje hay que interpretar correctamente sus símbolos. ¿Qué representan la bestia, la imagen, la marca?"

El Conflicto de los Siglos, p. 443

"La más terrible amenaza que haya sido jamás dirigida a los mortales se encuentra contenida en el mensaje del tercer ángel. Debe ser un pecado horrendo el que atrae la ira de Dios sin mezcla de misericordia. Los hombres no deben ser dejados en la ignorancia [en referencia] a esta importante cuestión; la amonestación contra este pecado debe ser dada al mundo antes que los juicios de Dios caigan sobre él, para que todos sepan por qué deben consumarse, y para que tengan oportunidad para librarse de ellos. La profecía declara que el primer ángel hará su proclamación 'a cada nación, y tribu, y lengua, y pueblo.' El aviso del tercer ángel, que forma parte de ese triple mensaje, no tendrá menos alcance. La profecía dice de él que será proclamado en alta voz por un ángel que vuele por medio del cielo; y llamará la atención del mundo."

El Mensaje del Primer Ángel /
(El Evangelio Eterno)

Apocalipsis 14:6

"Vi volar por en medio del cielo a otro ángel, que tenía el evangelio eterno para predicarlo a los moradores de la tierra, a toda nación, tribu, lengua y pueblo."

Dos Definiciones del Nuevo Pacto
(El Evangelio Eterno)

Patriarcas y Profetas, p. 340

"Este pacto ... era sencillamente un arreglo para restituir al hombre a la armonía con la voluntad divina, para colocarlo en condición de poder obedecer la ley de Dios."

Algunos de los muchos otros nombres o frases que se refieren al evangelio	
Pacto de la Gracia	PP 370*
Mi Pacto	Génesis 17:7; PP 370
El Pacto Eterno	Salmo 111:9; Génesis 17:7
El Nuevo Pacto	Jeremías 31:31; Hebreos 8:8, 13; 12:24; PP 371
El Pacto de Abraham	PP 370, 371
El Segundo Pacto	CS 413**; PP 371
El Plan de la Redención	Salmo 111:9; Hebreos 9:12; PP 64
El Plan de la Salvación	PP 63
El Pacto de la Paz	Ezequiel 37:26
Las Inescrutables Riquezas de Cristo	Efesios 3:8
El Misterio de Dios	Efesios 3:9; Colosenses 2:2; Apocalipsis 10:7
La Sabiduría de Dios	Efesios 3:10
Su Propósitos Eterno	Efesios 3:11
La Redención Eterna	Hebreos 9:12
El Evangelio Eterno	Apocalipsis 14:6

* PP – *Patriarcas y Profetas*   **CS – *El Conflicto de los Siglos*

La Educación, p. 125
"El plan de la redención [es] la restauración de la imagen de Dios en el alma humana."

Romanos 1:1, 2, 16, 17
"Pablo, siervo de Jesucristo, llamado a ser apóstol, apartado para el evangelio de Dios, que él había prometido antes por sus profetas en las santas Escrituras."

"Porque no me avergüenzo del evangelio, porque es poder de Dios para salvación a todo aquel que cree; al judío primeramente, y también al griego. Porque en el evangelio la justicia de Dios se revela por fe y para fe, como está escrito: Mas el justo por la fe vivirá."

1 Corintios 15:1-4
"Además os declaro, hermanos, el evangelio que os he predicado, el cual también recibisteis, en el cual también perseveráis; por el cual asimismo, si retenéis la palabra que os he predicado, sois salvos, si no creísteis en vano.

"Porque primeramente os he enseñado lo que asimismo recibí: Que Cristo murió por nuestros pecados, conforme a las Escrituras; y que fue sepultado, y que resucitó al tercer día, conforme a las Escrituras."

Mateo 24:14
"Y será predicado este evangelio del reino en todo el mundo, para testimonio a todas las naciones; y entonces vendrá el fin."

Marcos 13:10
"Y es necesario que el evangelio sea predicado antes a todas las naciones."

El Conflicto de los Siglos, p. 355
"En la profecía del primer mensaje angélico, en el capítulo 14 del Apocalipsis, se predice un gran despertamiento religioso bajo la influencia de la proclamación de la próxima venida de Cristo. Se ve un 'ángel volando en medio del cielo, teniendo un evangelio eterno que anunciar a los que habitan sobre la tierra, y a cada nación, y tribu, y lengua, y pueblo.' 'A gran voz' proclama el mensaje: '¡Temed a Dios y dadle gloria; porque ha llegado la hora de su juicio; y adorad al que hizo el cielo y la tierra, y el mar y las fuentes de agua!' Apocalipsis 14:6, 7 (VM)."

El Conflicto de los Siglos, p. 312
"Este mensaje [Apocalipsis 14:6, 7] es declarado parte del 'evangelio eterno.' La predicación del evangelio no ha sido encargada a los ángeles, sino a los hombres. En la dirección de esta obra se han empleado ángeles santos y ellos tienen a su cargo los grandes movimientos para la salvación de los hombres; pero la proclamación misma del evangelio es llevada a cabo por los siervos de Cristo en la tierra."

El Mensaje del Primer Ángel / El Juicio (Apocalipsis 14:7)

Apocalipsis 14:7
"Diciendo a gran voz: Temed a Dios, y dadle gloria, porque la hora de su juicio ha llegado; y adorad a aquel que hizo el cielo y la tierra, el mar y las fuentes de las aguas."

Apocalipsis 22:12
"He aquí yo vengo pronto, y mi galardón conmigo, para recompensar a cada uno según sea su obra."

El Conflicto de los Siglos, p. 351
"En el sistema típico—que era sombra del sacrificio y del sacerdocio de Cristo—la purificación del santuario era el último servicio efectuado por el sumo sacerdote en el ciclo anual de su ministerio. Era el acto final de la obra de expiación—una remoción o apartamiento del pecado de Israel. Prefiguraba la obra final en el ministerio de nuestro Sumo Sacerdote en el cielo, en el acto de borrar los pecados de su pueblo, que están consignados en los libros celestiales. Este servicio envuelve una obra de investigación, una obra de juicio, y precede inmediatamente la venida de Cristo en las nubes del cielo con gran poder y gloria, pues cuando él venga, [el caso] de cada uno habrá sido [examinado]. Jesús dice: 'Mi galardón está conmigo, para dar la recompensa a cada uno según sea su obra.' Apocalipsis 22:12 (VM). Esta obra de juicio, que precede inmediatamente al segundo advenimiento, es la que se anuncia en el primer mensaje angélico de Apocalipsis 14:7 (VM): '¡Temed a Dios y dadle honra; porque ha llegado la hora de su juicio!'"

El Conflicto de los Siglos, p. 356
"El mismo mensaje revela el tiempo en que este movimiento debe realizarse. Se dice que forma parte del 'evangelio eterno'; y que anuncia el principio del juicio. El mensaje de salvación ha sido predicado en todos los siglos; pero este mensaje es parte del evangelio que solo podía ser proclamado en los últimos días, pues solo entonces podía ser verdad que la hora del juicio *había llegado*."

Daniel 8:14
"Y él dijo: Hasta dos mil trescientas tardes y mañanas; luego el santuario será purificado."

El Conflicto de los Siglos, p. 420
"Tanto la profecía de Daniel 8:14: 'Hasta dos mil y trescientas tardes y mañanas; entonces será purificado el santuario,' como el mensaje del primer ángel: '¡Temed a Dios y dadle gloria; porque ha llegado la hora de su juicio!' señalaban al ministerio de Cristo en el lugar santísimo, al juicio investigador, y no a la venida de Cristo para la redención de su pueblo y la destrucción de los impíos."

La Fase de Investigación del Juico

Apocalipsis 10:7
"Sino que en los días de la voz del séptimo ángel, cuando él comience a tocar la trompeta, el misterio de Dios se consumará, como él lo anunció a sus siervos los profetas."

Apocalipsis 11:15-19
"El séptimo ángel tocó la trompeta, y hubo grandes voces en el cielo, que decían: Los reinos del mundo han venido a ser de nuestro Señor y de su Cristo; y él reinará por los siglos de los siglos. Y los veinticuatro ancianos que estaban sentados delante de Dios en sus tronos, se postraron sobre sus rostros, y adoraron a Dios, diciendo: Te damos gracias, Señor Dios Todopoderoso, el que eres y que eras y que has de venir, porque has tomado tu gran poder, y has reinado. Y se airaron las naciones, y tu ira ha venido, y el tiempo de juzgar a los muertos, y de dar el galardón a tus siervos los profetas, a los santos, y a los que temen tu nombre, a los pequeños y a los grandes, y de destruir a los que destruyen la tierra.

"Y el templo de Dios fue abierto en el cielo, y el arca de su pacto se veía en el templo. Y hubo relámpagos, voces, truenos, un terremoto y grande granizo."

Daniel 7:9, 10, 13
"Estuve mirando hasta que fueron puestos tronos, y se sentó un Anciano de días, cuyo vestido era blanco como la nieve, y el pelo de su cabeza como lana limpia; su trono llama de fuego, y las ruedas del mismo, fuego ardiente. Un río de fuego procedía y salía de delante de él; millares de millares le servían, y millones de millones asistían delante de él; el Juez se sentó, y los libros fueron abiertos."

"Miraba yo en la visión de la noche, y he aquí con las nubes del cielo venía uno como un hijo de hombre, que vino hasta el Anciano de días, y le hicieron acercarse delante de él."

Apocalipsis 20:12, 13
"Y vi a los muertos, grandes y pequeños, de pie ante Dios; y los libros fueron abiertos, y otro libro fue abierto, el cual es el libro de la vida; y fueron juzgados los muertos por las cosas que estaban escritas en los libros, según sus obras. Y el mar entregó los muertos que había en él; y la muerte y el Hades entregaron los muertos que había en ellos; y fueron juzgados cada uno según sus obras."

Salmo 90:2
"Antes que naciesen los montes y formases la tierra y el mundo, desde el siglo y hasta el siglo, tú eres Dios."

Malaquías 3:1-3
"He aquí, yo envío mi mensajero, el cual preparará el camino delante de mí; y vendrá súbitamente a su templo el Señor a quien vosotros buscáis, y el ángel del pacto, a quien deseáis vosotros. He aquí viene, ha dicho Jehová de los ejércitos.

"¿Y quién podrá soportar el tiempo de su venida? ¿o quién podrá estar en pie cuando él se manifieste? Porque él es como fuego purificador, y como jabón de lavadores. Y se sentará para afinar y limpiar la plata; porque limpiará a los hijos de Leví, los afinará como a oro y como a plata, y traerán a Jehová ofrenda en justicia."

El Conflicto de los Siglos, p. 471

"'Estuve mirando'—dice el profeta Daniel—'hasta que fueron puestas sillas: y un Anciano de grande edad se sentó, cuyo vestido era blanco como la nieve, y el pelo de su cabeza como lana limpia; su silla llama de fuego, sus ruedas fuego ardiente. Un río de fuego procedía y salía de delante de él: millares de millares le servían, y millones de millones asistían delante de él: el Juez se sentó y los libros se abrieron.' Daniel 7:9, 10.

"Así se presentó a la visión del profeta el día grande y solemne en que los caracteres y vidas de los hombres habrán de ser [revisados] ante el Juez de toda la tierra, y en que a todos los hombres se les dará 'conforme a sus obras.' El Anciano de días es Dios, el Padre. El salmista dice: 'Antes que naciesen los montes, y formases la tierra y el mundo, y desde el siglo y hasta el siglo, tú eres Dios.' Salmos 90:2. Es él, Autor de todo ser y de toda ley, quien debe presidir en el juicio. Y 'millares de millares ... y millones de millones' de santos ángeles, como ministros y testigos, están presentes en este gran tribunal."

El Conflicto de los Siglos, p. 397

"El décimo día del séptimo mes, el gran día de la expiación, el tiempo de la purificación del santuario, el cual en el año 1844 caía en el 22 de octubre, fue considerado como el día de la venida del Señor."

Mateo 22:1-14

"Respondiendo Jesús, les volvió a hablar en parábolas, diciendo: El reino de los cielos es semejante a un rey que hizo fiesta de bodas a su hijo; y envió a sus siervos a llamar a los convidados a las bodas; mas éstos no quisieron venir. Volvió a enviar otros siervos, diciendo: Decid a los convidados: He aquí, he preparado mi comida; mis toros y animales engordados han sido muertos, y todo está dispuesto; venid a las bodas. Mas ellos, sin hacer caso, se fueron, uno a su labranza, y otro a sus negocios; y otros, tomando a los siervos, los afrentaron y los mataron. Al oírlo el rey, se enojó; y enviando sus ejércitos, destruyó a aquellos homicidas, y quemó su ciudad. Entonces dijo a sus siervos: Las bodas a la verdad están preparadas; mas los que fueron convidados no eran dignos. Id, pues, a las salidas de los caminos, y llamad a las bodas a cuantos halléis. Y saliendo los siervos por los caminos, juntaron a todos los que hallaron, juntamente malos y buenos; y las bodas fueron llenas de convidados.

"Y entró el rey para ver a los convidados, y vio allí a un hombre que no estaba vestido de boda. Y le dijo: Amigo, ¿cómo entraste aquí, sin estar vestido de boda? Mas él enmudeció. Entonces el rey dijo a los que servían: Atadle de pies y manos, y echadle en las tinieblas de afuera; allí será el lloro y el crujir de dientes.

"Porque muchos son llamados, y pocos escogidos."

Mateo 25:1-12

"Entonces el reino de los cielos será semejante a diez vírgenes que tomando sus lámparas, salieron a recibir al esposo. Cinco de ellas eran prudentes y cinco insensatas. Las insensatas, tomando sus lámparas, no tomaron consigo aceite; mas las prudentes tomaron aceite en sus vasijas, juntamente con sus lámparas. Y tardándose el esposo, cabecearon todas y se durmieron.

"Y a la medianoche se oyó un clamor: ¡Aquí viene el esposo; salid a recibirle! Entonces todas aquellas vírgenes se levantaron, y arreglaron sus lámparas. Y las insensatas dijeron a las prudentes: Dadnos de vuestro aceite; porque nuestras lámparas se apagan. Mas las prudentes respondieron diciendo: Para que no nos falte a nosotras y a vosotras, id más bien a los que venden, y comprad para vosotras mismas. Pero mientras ellas iban a comprar, vino el esposo; y las que estaban preparadas entraron con él a las bodas; y se cerró la puerta. Después vinieron también las otras vírgenes, diciendo: ¡Señor, señor, ábrenos!

"Mas él, respondiendo, dijo: De cierto os digo, que no os conozco."

Apocalipsis 21:9, 10
"Vino entonces a mí uno de los siete ángeles que tenían las siete copas llenas de las siete plagas postreras, y habló conmigo, diciendo: Ven acá, yo te mostraré la desposada, la esposa del Cordero. Y me llevó en el Espíritu a un monte grande y alto, y me mostró la gran ciudad santa de Jerusalén, que descendía del cielo, de Dios."

Apocalipsis 19:9
"Y el ángel me dijo: Escribe: Bienaventurados los que son llamados a la cena de las bodas del Cordero. Y me dijo: Estas son palabras verdaderas de Dios."

Daniel 7:14
"Y le fue dado dominio, gloria y reino, para que todos los pueblos, naciones y lenguas le sirvieran; su dominio es dominio eterno, que nunca pasará, y su reino uno que no será destruido."

Apocalipsis 21:2
"Y yo Juan vi la santa ciudad, la nueva Jerusalén, descender del cielo, de Dios, dispuesta como una esposa ataviada para su marido."

Mateo 8:11
"Y os digo que vendrán muchos del oriente y del occidente, y se sentarán con Abraham e Isaac y Jacob en el reino de los cielos."

Lucas 22:30
"Para que comáis y bebáis a mi mesa en mi reino, y os sentéis en tronos juzgando a las doce tribus de Israel."

Lucas 12:36
"Y vosotros sed semejantes a hombres que aguardan a que su señor regrese de las bodas, para que cuando llegue y llame, le abran en seguida."

El Conflicto de los Siglos, pp. 422-424
"La venida de Cristo como nuestro Sumo Sacerdote al lugar santísimo para la purificación del santuario, de la que se habla en Daniel 8:14; la venida del Hijo del hombre al lugar donde está el Anciano de días, tal como está presentada en Daniel 7:13; y la venida del Señor a su templo, predicha por Malaquías, son descripciones del mismo acontecimiento representado también por la venida del Esposo a las bodas, descrita por Cristo en la parábola de las diez vírgenes, según Mateo 25.

"En el verano y otoño de 1844 fue hecha esta proclamación: '¡He aquí que viene el Esposo!' Se conocieron entonces las dos clases de personas representadas por las vírgenes prudentes y fatuas: la una que esperaba con regocijo la aparición del Señor y se había estado preparando diligentemente para ir a su encuentro; la otra que, presa del temor y obrando por impulso, se había dado por satisfecha con una teoría de la verdad, pero estaba destituida de la gracia de Dios. En la parábola, cuando vino el Esposo, 'las que estaban preparadas entraron con él a las bodas.' La venida del Esposo, presentada aquí, se verifica antes de la boda. La boda representa el acto de ser investido Cristo de la dignidad de Rey. La ciudad santa, la nueva Jerusalén, que es la capital del reino y lo representa, se llama 'la novia, la esposa del Cordero.' El ángel dijo a San Juan: 'Ven acá; te mostraré la novia, la esposa del cordero.' 'Me llevó en el Espíritu,' agrega el profeta, 'y me mostró la santa ciudad de Jerusalén, descendiendo del cielo, desde Dios.' Apocalipsis 21:9, 10 (VM). Salta pues a la vista que la Esposa representa la ciudad santa, y las vírgenes que van al encuentro del Esposo representan a la iglesia. En el Apocalipsis, el pueblo de Dios lo constituyen los invitados a la cena de las bodas. Apocalipsis 19:9. Si son los invitados, no pueden representar también a la esposa. Cristo, según el profeta Daniel, recibirá del Anciano de días en el cielo 'el dominio, y la gloria, y el reino,' recibirá la nueva Jerusalén, la capital de su reino, 'preparada como una novia engalanada para su esposo.' Daniel 7:14; Apocalipsis 21:2 (VM). Después de recibir el reino, vendrá en su gloria, como Rey de reyes y Señor de señores, para redimir a los suyos, que 'se sentarán con Abraham, e Isaac, y Jacob,' en su reino (Mateo 8:11; Lucas 22:30), para participar de la cena de las bodas del Cordero.

"La proclamación: '¡He aquí que viene el Esposo!' en el verano de 1844, indujo a miles de personas a esperar el advenimiento inmediato del Señor. En el tiempo señalado, vino el Esposo, no a la tierra, como el pueblo lo esperaba, sino hasta donde estaba el Anciano de días en el cielo, a las bodas; es decir, a recibir su reino. 'Las que estaban preparadas entraron con él a las bodas; y fue cerrada la puerta.' No iban a asistir en persona a las bodas, ya que estas se verifican en el cielo mientras que ellas están en la tierra. Los discípulos de Cristo han de esperar 'a su Señor, cuando haya de volver de las bodas.' Lucas 12:36 (VM). Pero deben comprender su obra, y seguirle por fe mientras entra en la presencia de Dios. En este sentido es en el que se dice que ellos van con él a las bodas.

"Según la parábola, fueron las que tenían aceite en sus vasos con sus lámparas quienes entraron a las bodas. Los que, junto con el conocimiento de la verdad de las Escrituras, tenían el Espíritu y la gracia de Dios, y que en la noche de su amarga prueba habían esperado con paciencia, escudriñando la Biblia en busca de más luz, fueron los que reconocieron la verdad referente al santuario en el cielo y al cambio de ministerio del Salvador, y por fe le siguieron en su obra en el santuario celestial. Y todos los que por el testimonio de las Escrituras aceptan las mismas verdades, siguiendo por fe a Cristo mientras se presenta ante Dios para efectuar la última obra de mediación y para recibir su reino a la conclusión de esta, todos esos están representados como si entraran en las bodas.

"En la parábola del capítulo 22 de San Mateo, se emplea la misma figura de las bodas y se ve a las claras que el juicio investigador se realiza antes de las bodas. Antes de verificarse estas entra el Rey para ver a los huéspedes, y cerciorarse de que todos llevan las vestiduras de boda, el manto inmaculado del carácter, lavado y emblanquecido en la sangre del Cordero. Mateo 22:11; Apocalipsis 7:14. Al que se le encuentra sin traje conveniente, se le expulsa, pero todos los que al ser examinados resultan tener las vestiduras de bodas, son aceptados por Dios y juzgados dignos de participar en su reino y de sentarse en su trono.

Esta tarea de examinar los caracteres y de determinar los que están preparados para el reino de Dios es la del juicio investigador, la obra final que se lleva a cabo en el santuario celestial.

"Cuando haya terminado este examen, cuando se haya [decidido] respecto de los que en todos los siglos han profesado ser discípulos de Cristo, entonces y no antes habrá terminado el tiempo de gracia, y será cerrada la puerta de misericordia. Así que las palabras: 'Las que estaban preparadas entraron con él a las bodas, y fue cerrada la puerta,' nos conducen a través del ministerio final del Salvador, hasta el momento en que quedará terminada la gran obra de la salvación del hombre."

Hebreos 9:24-28
"Porque no entró Cristo en el santuario hecho de mano, figura del verdadero, sino en el cielo mismo para presentarse ahora por nosotros ante Dios; y no para ofrecerse muchas veces, como entra el sumo sacerdote en el Lugar Santísimo cada año con sangre ajena. De otra manera le hubiera sido necesario padecer muchas veces desde el principio del mundo; pero ahora, en la consumación de los siglos, se presentó una vez para siempre por el sacrificio de sí mismo para quitar de en medio el pecado. Y de la manera que está establecido para los hombres que mueran una sola vez, y después de esto el juicio, así también Cristo fue ofrecido una sola vez para llevar los pecados de muchos; y aparecerá por segunda vez, sin relación con el pecado, para salvar a los que le esperan."

La Fase de Sentencia del Juicio

1 Corintios 4:5
"Así que, no juzguéis nada antes de tiempo, hasta que venga el Señor, el cual aclarará también lo oculto de las tinieblas, y manifestará las intenciones de los corazones; y entonces cada uno recibirá su alabanza de Dios."

Daniel 7:22
"Hasta que vino el Anciano de días, y se dio el juicio a los santos del Altísimo; y llegó el tiempo, y los santos recibieron el reino."

Apocalipsis 20:4-6
"Y vi tronos, y se sentaron sobre ellos los que recibieron facultad de juzgar; y vi las almas de los decapitados por causa del testimonio de Jesús y por la palabra de Dios, los que no habían adorado a la bestia ni a su imagen, y que no recibieron la marca en sus frentes ni en sus manos; y vivieron y reinaron con Cristo mil años. Pero los otros muertos no volvieron a vivir hasta que se cumplieron mil años. Esta es la primera resurrección. Bienaventurado y santo el que tiene parte en la primera resurrección; la segunda muerte no tiene potestad sobre éstos, sino que serán sacerdotes de Dios y de Cristo, y reinarán con él mil años."

1 Corintios 6:2, 3
"¿O no sabéis que los santos han de juzgar al mundo? Y si el mundo ha de ser juzgado por vosotros, ¿sois indignos de juzgar cosas muy pequeñas? O no sabéis que hemos de juzgar a los ángeles? ¿Cuánto más las cosas de esta vida?"

Judas 6
"Y a los ángeles que no guardaron su dignidad, sino que abandonaron su propia morada, los ha guardado bajo oscuridad, en prisiones eternas, para el juicio del gran día."

El Conflicto de los Siglos, p. 641, 642

"Durante los mil años que transcurrirán entre la primera resurrección y la segunda, se verificará el juicio de los impíos.

"El apóstol Pablo señala este juicio como un acontecimiento que sigue al segundo advenimiento. 'No juzguéis nada antes de tiempo, hasta que venga el Señor; el cual sacará a luz las obras encubiertas de las tinieblas, y pondrá de manifiesto los propósitos de los corazones.' 1 Corintios 4:5 (VM). Daniel declara que cuando vino el Anciano de días, 'se dio el juicio a los santos del Altísimo.' Daniel 7:22. En ese entonces reinarán los justos como reyes y sacerdotes de Dios. San Juan dice en el Apocalipsis: 'Vi tronos, y se sentaron sobre ellos, y les fue dado juicio.' 'Serán sacerdotes de Dios y de Cristo, y reinarán con él mil años.' Apocalipsis 20:4, 6. Entonces será cuando, como está predicho por ... Pablo, 'los santos han de juzgar al mundo.' 1 Corintios 6:2. Junto con Cristo juzgan a los impíos, comparando sus actos con el libro de la ley, la Biblia, y fallando cada caso en conformidad con los actos que cometieron por medio de su cuerpo. Entonces lo que los malos tienen que sufrir es medido según sus obras, y queda anotado frente a sus nombres en el libro de la muerte.

"También Satanás y los ángeles malos son juzgados por Cristo y su pueblo. ... Pablo dice: '¿No sabéis que hemos de juzgar a los ángeles?' Vers. 3. Y San Judas declara que 'a los ángeles que no guardaron su original estado, sino que dejaron su propia habitación, los ha guardado en prisiones eternas, bajo tinieblas, hasta el juicio del gran día.' Judas 6 (VM)."

La Fase Ejecutiva del Juicio

Apocalipsis 20:5
"Pero los otros muertos no volvieron a vivir hasta que se cumplieron mil años. Esta es la primera resurrección."

Isaías 24:22
"Y serán amontonados como se amontona a los encarcelados en mazmorra, y en prisión quedarán encerrados, y serán castigados después de muchos días."

El Conflicto de los Siglos, p. 642

"Al fin de los mil años vendrá la segunda resurrección. Entonces los impíos serán resucitados, y comparecerán ante Dios para la ejecución del 'juicio decretado.' Así el escritor del Apocalipsis, después de haber descrito la resurrección de los justos, dice: 'Los otros muertos no tornaron a vivir hasta que sean cumplidos mil años.' Apocalipsis 20:5. E Isaías declara, con respecto a los impíos: 'Serán juntados como se juntan los presos en el calabozo, y estarán encerrados en la cárcel; y después de muchos días serán sacados al suplicio.' Isaías 24:22 (VM)."

Apocalipsis 20:7-9 (primera parte)
"Cuando los mil años se cumplan, Satanás será suelto de su prisión, y saldrá a engañar a las naciones que están en los cuatro ángulos de la tierra, a Gog y a Magog, a fin de reunirlos para la batalla; el número de los cuales es como la arena del mar. Y subieron sobre la anchura de la tierra, y rodearon el campamento de los santos y la ciudad amada."

El Conflicto de los Siglos, p. 643

"Al fin de los mil años, Cristo regresa otra vez a la tierra. Le acompaña la hueste de los redimidos, y le sigue una comitiva de ángeles. Al descender en majestad aterradora, manda a los muertos impíos que resuciten para recibir su condenación. Se levanta su gran ejército, innumerable como la arena del mar. ¡Qué contraste entre ellos y los que resucitaron en la primera resurrección! Los justos estaban revestidos de juventud y belleza inmortales. Los impíos llevan las huellas de la enfermedad y de la muerte."

El Conflicto de los Siglos, p. 644

"Entonces Satanás se prepara para la última tremenda lucha por la supremacía... . Se presenta ante sus súbditos engañados como redentor, asegurándoles que su poder los ha sacado de sus tumbas y que está a punto de librarlos de la más cruel tiranía. Habiendo desaparecido Cristo, Satanás obra milagros para sostener sus pretensiones. Fortalece a los débiles y a todos les infunde su propio espíritu y energía. Propone dirigirlos contra el real de los santos y tomar posesión de la ciudad de Dios. En un arrebato belicoso señala los innumerables millones que han sido resucitados de entre los muertos, y declara que como jefe de ellos es muy capaz de destruir la ciudad y recuperar su trono y su reino."

El Conflicto de los Siglos, p. 645

"Satanás, el más poderoso guerrero, marcha al frente, y sus ángeles unen sus fuerzas para esta batalla final. Hay reyes y guerreros en su comitiva, y las multitudes siguen en grandes compañías, cada cual bajo su correspondiente jefe. Con precisión militar las columnas cerradas avanzan sobre la superficie desgarrada y escabrosa de la tierra hacia la ciudad de Dios. Por orden de Jesús, se cierran las puertas de la nueva Jerusalén, y los ejércitos de Satanás circundan la ciudad y se preparan para el asalto."

Apocalipsis 20:11-13

"Y vi un gran trono blanco y al que estaba sentado en él, de delante del cual huyeron la tierra y el cielo, y ningún lugar se encontró para ellos. Y vi a los muertos, grandes y pequeños, de pie ante Dios; y los libros fueron abiertos, y otro libro fue abierto, el cual es el libro de la vida; y fueron juzgados los muertos por las cosas que estaban escritas en los libros, según sus obras. Y el mar entregó los muertos que había en él; y la muerte y el Hades entregaron los muertos que había en ellos; y fueron juzgados cada uno según sus obras."

El Conflicto de los Siglos, p. 645

"Entonces Cristo reaparece a la vista de sus enemigos. Muy por encima de la ciudad, sobre un fundamento de oro bruñido, hay un trono alto y encumbrado. En el trono está sentado el Hijo de Dios, y en torno suyo están los súbditos de su reino. Ningún lenguaje, ninguna pluma pueden expresar ni describir el poder y la majestad de Cristo. La gloria del Padre Eterno envuelve a su Hijo. El esplendor de su presencia llena la ciudad de Dios, rebosando más allá de las puertas e inundando toda la tierra con su brillo."

El Conflicto de los Siglos, p. 646

"En presencia de los habitantes de la tierra y del cielo reunidos, se efectúa la coronación final del Hijo de Dios. Y entonces, revestido de suprema majestad y poder, el Rey de reyes [pronuncia la sentencia] de aquellos que se rebelaron contra su gobierno, y ejecuta justicia contra los que transgredieron su ley y oprimieron a su pueblo. El profeta de Dios dice: 'Vi un gran trono blanco, y al que estaba sentado sobre él, de cuya presencia huyó la tierra y el cielo; y no fue hallado lugar para ellos. Y vi a los muertos, pequeños y grandes, estar en pie delante del trono; y abriéronse los libros; abrióse también otro libro, que es el libro de la vida: y los muertos fueron juzgados de acuerdo con las cosas escritas en los libros, según sus obras.' Apocalipsis 20:11, 12 (VM)."

Apocalipsis 20:9 (última parte), 14, 15, 10
"Y de Dios descendió fuego del cielo, y los consumió."

"Y la muerte y el Hades fueron lanzados al lago de fuego. Esta es la muerte segunda. Y el que no se halló inscrito en el libro de la vida fue lanzado al lago de fuego."

"Y el diablo que los engañaba fue lanzado en el lago de fuego y azufre, donde estaban la bestia y el falso profeta; y serán atormentados día y noche por los siglos de los siglos."

Malaquías 4:1
"Porque he aquí, viene el día ardiente como un horno, y todos los soberbios y todos los que hacen maldad serán estopa; aquel día que vendrá los abrasará, ha dicho Jehová de los ejércitos, y no les dejará ni raíz ni rama."

2 Pedro 3:10
"Pero el día del Señor vendrá como ladrón en la noche; en el cual los cielos pasarán con grande estruendo, y los elementos ardiendo serán deshechos, y la tierra y las obras que en ella hay serán quemadas."

Isaías 34:8
"Porque es día de venganza de Jehová, año de retribuciones en [la causa] de Sion."

El Conflicto de los Siglos, **p. 652**
"Dios hace descender fuego del cielo. La tierra está quebrantada. Salen a relucir las armas escondidas en sus profundidades. Llamas devoradoras se escapan por todas partes de grietas amenazantes. Hasta las rocas están ardiendo. Ha llegado el día que arderá como horno. Los elementos se disuelven con calor abrasador, la tierra también y las obras que hay en ella están abrasadas. Malaquías 4:2; 2 Pedro 3:10. La superficie de la tierra parece una masa fundida un inmenso lago de fuego hirviente. Es la hora del juicio y perdición de los hombres impíos, 'es día de venganza de Jehová, año de retribuciones en [la causa] de Sion.' Isaías 34:8."

El Mensaje del Segundo Ángel

Apocalipsis 14:8
"Otro ángel le siguió, diciendo: Ha caído, ha caído Babilonia, la gran ciudad, porque ha hecho beber a todas las naciones del vino del furor de su fornicación."

Ezequiel 16:13-15, 32
"Así fuiste adornada de oro y de plata, y tu vestido era de lino fino, seda y bordado; comiste flor de harina de trigo, miel y aceite; y fuiste hermoseada en extremo, prosperaste hasta llegar a reinar. Y salió tu renombre entre las naciones a causa de tu hermosura; porque era perfecta, a causa de mi hermosura que yo puse sobre ti, dice Jehová el Señor. Pero confiaste en tu hermosura, y te prostituiste a causa de tu renombre, y derramaste tus fornicaciones a cuantos pasaron; suya eras."

"Sino como mujer adúltera, que en lugar de su marido recibe a ajenos."

Jeremías 3:20
"Pero como la esposa infiel abandona a su compañero, así prevaricasteis contra mí, oh casa de Israel, dice Jehová."

Jeremías 51:7, 8
"Copa de oro fue Babilonia en la mano de Jehová, que embriagó a toda la tierra; de su vino bebieron los pueblos; se aturdieron, por

tanto, las naciones. En un momento cayó Babilonia, y se despedazó; gemid sobre ella; tomad bálsamo para su dolor, quizá sane."

Apocalipsis 17:1-6, 18
"Vino entonces uno de los siete ángeles que tenían las siete copas, y habló conmigo diciéndome: Ven acá, y te mostraré la sentencia contra la gran ramera, la que está sentada sobre muchas aguas; con la cual han fornicado los reyes de la tierra, y los moradores de la tierra se han embriagado con el vino de su fornicación.

"Y me llevó en el Espíritu al desierto; y vi a una mujer sentada sobre una bestia escarlata llena de nombres de blasfemia, que tenía siete cabezas y diez cuernos. Y la mujer estaba vestida de púrpura y escarlata, y adornada de oro, de piedras preciosas y de perlas, y tenía en la mano un cáliz de oro lleno de abominaciones y de la inmundicia de su fornicación; y en su frente un nombre escrito, un misterio: BABILONIA LA GRANDE, LA MADRE DE LAS RAMERAS Y DE LAS ABOMINACIONES DE LA TIERRA. Vi a la mujer ebria de la sangre de los santos, y de la sangre de los mártires de Jesús; y cuando la vi, quedé asombrado con gran asombro."

"Y la mujer que has visto es la gran ciudad que reina sobre los reyes de la tierra."

El Conflicto de los Siglos, p. 378
"En el capítulo 14 de Apocalipsis, el primer ángel es seguido de otro que dice: '¡Caída, caída es la gran Babilonia, la cual ha hecho que todas las naciones beban del vino de la ira de su fornicación!' Apocalipsis 14:8 (VM). La palabra 'Babilonia' deriva de 'Babel' y significa confusión. Se emplea en las Santas Escrituras para designar las varias formas de religiones falsas y apóstatas. En el capítulo 17 del Apocalipsis, Babilonia está simbolizada por una mujer, figura que se emplea en la Biblia para representar una iglesia; siendo una mujer virtuosa símbolo de una iglesia pura, y una mujer vil, de una iglesia apóstata."

El Conflicto de los Siglos, p. 380
"Se dice que Babilonia es 'madre de las rameras.' Sus hijas deben simbolizar las iglesias que se atienen a sus doctrinas y tradiciones, y siguen su ejemplo sacrificando la verdad y la aprobación de Dios, para formar alianza ilícita con el mundo. El mensaje de Apocalipsis 14, que anuncia la caída de Babilonia, debe aplicarse a comunidades religiosas que un tiempo fueron puras y luego se han corrompido."

El Conflicto de los Siglos, p. 385
"El mensaje del segundo ángel de Apocalipsis 14 fue proclamado por primera vez en el verano de 1844, y se aplicaba entonces más particularmente a las iglesias de los Estados Unidos de Norteamérica, donde la amonestación del juicio había sido también más ampliamente proclamada y más generalmente rechazada, y donde el decaimiento de las iglesias había sido más rápido. Pero el mensaje del segundo ángel no alcanzó su cumplimiento total en 1844. Las iglesias decayeron entonces moralmente por haber rechazado la luz del mensaje del advenimiento; pero este decaimiento no fue completo."

1 Timoteo 3:15
"Para que si tardo, sepas cómo debes conducirte en la casa de Dios, que es la iglesia del Dios viviente, columna y baluarte de la verdad."

El Conflicto de los Siglos, p. 374
"Como su obra [la de Guillermo Miller] tendía a la edificación de las iglesias, se la miró durante algún tiempo con simpatía. Pero

cuando los ministros y los directores de aquellas se declararon contra la doctrina del advenimiento y quisieron sofocar el nuevo movimiento, no solo se opusieron a ella desde el púlpito, sino que además negaron a sus miembros el derecho de asistir a predicaciones sobre ella y hasta de hablar de sus esperanzas en las reuniones de edificación mutua en la iglesia. Así se vieron reducidos los creyentes a una situación crítica que les causaba perplejidad. Querían a sus iglesias y les repugnaba separarse de ellas; pero al ver que se anulaba el testimonio de la Palabra de Dios, y que se les negaba el derecho que tenían para investigar las profecías, sintieron que la lealtad hacia Dios les impedía someterse. No podían considerar como constituyendo la iglesia de Cristo a los que trataban de rechazar el testimonio de la Palabra de Dios, 'columna y apoyo de la verdad.' De ahí que se sintiesen justificados para separarse de la que hasta entonces fuera su comunión religiosa. En el verano de 1844 cerca de cincuenta mil personas se separaron de las iglesias."

Isaías 29:9, 10, 13
"Deteneos y maravillaos; ofuscaos y cegaos; embriagaos, y no de vino; tambalead, y no de sidra. Porque Jehová derramó sobre vosotros espíritu de sueño, y cerró los ojos de vuestros profetas, y puso velo sobre las cabezas de vuestros videntes."

"Dice, pues, el Señor: Porque este pueblo se acerca a mí con su boca, y con sus labios me honra, pero su corazón está lejos de mí, y su temor de mí no es más que un mandamiento de hombres que les ha sido enseñado."

Miqueas 3:5-7
"Así ha dicho Jehová acerca de los profetas que hacen errar a mi pueblo, y claman: Paz, cuando tienen algo que comer, y al que no les da de comer, proclaman guerra contra él: Por tanto, de la profecía se os hará noche, y oscuridad del adivinar; y sobre los profetas se pondrá el sol, y el día se entenebrecerá sobre ellos. Y serán avergonzados los profetas, y se confundirán los adivinos; y ellos todos cerrarán sus labios, porque no hay respuesta de Dios."

El Mensaje del Tercer Ángel / La Amonestación

Apocalipsis 14:9-11
"Así ha dicho Jehová acerca de los profetas que hacen errar a mi pueblo, y claman: Paz, cuando tienen algo que comer, y al que no les da de comer, proclaman guerra contra él: Por tanto, de la profecía se os hará noche, y oscuridad del adivinar; y sobre los profetas se pondrá el sol, y el día se entenebrecerá sobre ellos. Y serán avergonzados los profetas, y se confundirán los adivinos; y ellos todos cerrarán sus labios, porque no hay respuesta de Dios."

El Conflicto de los Siglos, p. 434
"En contraposición con los que guardan los mandamientos de Dios y tienen la fe de Jesús, el tercer ángel señala otra clase de seres humanos contra cuyos errores va dirigido solemne y terrible aviso: '¡Si alguno adora a la bestia y a su imagen, y recibe su marca en su frente, o en su mano, él también beberá del vino de la ira de Dios!' Apocalipsis 14:9, 10 (VM). Para comprender este mensaje hay que interpretar correctamente sus símbolos. ¿Qué representan la bestia, la imagen, la marca?"

¿Qué Representa la Bestia?

Apocalipsis 12:9
"Y fue lanzado fuera el gran dragón, la serpiente antigua, que se llama diablo y Satanás, el cual engaña al mundo entero; fue arrojado a la tierra, y sus ángeles fueron arrojados con él."

Apocalipsis 13:1-10
"Me paré sobre la arena del mar, y vi subir del mar una bestia que tenía siete cabezas y diez cuernos; y en sus cuernos diez diademas; y sobre sus cabezas, un nombre blasfemo. Y la bestia que vi era semejante a un leopardo, y sus pies como de oso, y su boca como boca de león. Y el dragón le dio su poder y su trono, y grande autoridad. Vi una de sus cabezas como herida de muerte, pero su herida mortal fue sanada; y se maravilló toda la tierra en pos de la bestia, y adoraron al dragón que había dado autoridad a la bestia, y adoraron a la bestia, diciendo: ¿Quién como la bestia, y quién podrá luchar contra ella?

"También se le dio boca que hablaba grandes cosas y blasfemias; y se le dio autoridad para actuar cuarenta y dos meses. Y abrió su boca en blasfemias contra Dios, para blasfemar de su nombre, de su tabernáculo, y de los que moran en el cielo. Y se le permitió hacer guerra contra los santos, y vencerlos. También se le dio autoridad sobre toda tribu, pueblo, lengua y nación. Y la adoraron todos los moradores de la tierra cuyos nombres no estaban escritos en el libro de la vida del Cordero que fue inmolado desde el principio del mundo.

"Si alguno tiene oído, oiga. Si alguno lleva en cautividad, va en cautividad; si alguno mata a espada, a espada debe ser muerto. Aquí está la paciencia y la fe de los santos."

***El Conflicto de los Siglos*, p. 434**
"La ilación profética en la que se encuentran estos símbolos empieza en el capítulo 12 del Apocalipsis, con el dragón que trató de destruir a Cristo cuando nació. En dicho capítulo vemos que el dragón es Satanás (Apocalipsis 12:9); fue él quien indujo a Herodes a procurar la muerte del Salvador. Pero el agente principal de Satanás al guerrear contra Cristo y su pueblo durante los primeros siglos de la era cristiana, fue el Imperio Romano, en el cual prevalecía la religión pagana. Así que, si bien el dragón representa primero a Satanás, en sentido derivado es un símbolo de la Roma pagana.

"En el capítulo 13 (versículos 1-10, VM), se describe otra bestia, 'parecida a un leopardo,' a la cual el dragón dio 'su poder y su trono, y grande autoridad.' Este símbolo, como lo han creído la mayoría de los protestantes, representa al papado, el cual heredó el poder y la autoridad del antiguo Imperio Romano. Se dice de la bestia parecida a un leopardo: 'Le fue dada una boca que hablaba cosas grandes, y blasfemias…. Y abrió su boca para decir blasfemias contra Dios, para blasfemar su nombre, y su tabernáculo, y a los que habitan en el cielo. Y le fue permitido hacer guerra contra los santos, y vencerlos: y le fue dada autoridad sobre toda tribu, y pueblo, y lengua, y nación.' Esta profecía, que es casi la misma que la descripción del cuerno pequeño en Daniel 7, se refiere sin duda al papado."

¿Qué Representa la Imagen?

Apocalipsis 13:11
"Después vi otra bestia que subía de la tierra; y tenía dos cuernos semejantes a los de un cordero, pero hablaba como dragón."

Apocalipsis 17:15

"Me dijo también: Las aguas que has visto donde la ramera se sienta, son pueblos, muchedumbres, naciones y lenguas."

El Conflicto de los Siglos, p. 435

"Pero la bestia con cuernos semejantes a los de un cordero 'subía de la tierra.' En lugar de derribar a otras potencias para establecerse, la nación así representada debe subir en territorio hasta entonces desocupado, y crecer gradual y pacíficamente. No podía, pues, subir entre las naciones populosas y belicosas del viejo mundo, ese mar turbulento de 'pueblos y muchedumbres y naciones y lenguas.' Hay que buscarla en el continente occidental.

"¿Cuál era en 1798 la nación del nuevo mundo cuyo poder estuviera entonces desarrollándose, de modo que se anunciara como nación fuerte y grande, capaz de llamar la atención del mundo? La aplicación del símbolo no admite duda alguna. Una nación, y solo una, responde a los datos y rasgos característicos de esta profecía; no hay duda de que se trata aquí de los Estados Unidos de Norteamérica."

Apocalipsis 13:16, 17

"Y hacía que a todos, pequeños y grandes, ricos y pobres, libres y esclavos, se les pusiese una marca en la mano derecha, o en la frente; y que ninguno pudiese comprar ni vender, sino el que tuviese la marca o el nombre de la bestia, o el número de su nombre."

El Conflicto de los Siglos, p. 439

"Cuando las iglesias principales de los Estados Unidos, uniéndose en puntos comunes de doctrina, influyan sobre el estado para que imponga los decretos y las instituciones de ellas, entonces la América protestante habrá formado una imagen de la jerarquía romana, y la imposición de penas civiles contra los disidentes vendrá de por sí sola.

"La bestia de dos cuernos 'hace [ordena] que todos, pequeños y grandes, así ricos como pobres, así libres como esclavos, tengan una marca sobre su mano derecha, o sobre su frente; y que nadie pueda comprar o vender, sino aquel que tenga la marca, es decir, el nombre de la bestia o el número de su nombre.' Apocalipsis 13:16, 17 (VM). La amonestación del tercer ángel es: '¡Si alguno adora a la bestia y a su imagen, y recibe su marca en su frente, o en su mano, él también beberá del vino de la ira de Dios!' 'La bestia' mencionada en este mensaje, cuya adoración es impuesta por la bestia de dos cuernos, es la primera bestia, o sea la bestia semejante a un leopardo, de Apocalipsis 13, el papado. La 'imagen de la bestia' representa la forma de protestantismo apóstata que se desarrollará cuando las iglesias protestantes busquen la ayuda del poder civil para la imposición de sus dogmas."

¿Qué Representa la Marca?

Daniel 7:25

"Y hablará palabras contra el Altísimo, y a los santos del Altísimo quebrantará, y pensará en cambiar los tiempos y la ley; y serán entregados en su mano hasta tiempo, y tiempos, y medio tiempo."

2 Tesalonicenses 2:3

"Nadie os engañe en ninguna manera; porque no vendrá sin que antes venga la apostasía, y se manifieste el hombre de pecado, el hijo de perdición."

El Conflicto de los Siglos, p. 440

"El rasgo más característico de la bestia, y por consiguiente de su imagen, es la violación de los mandamientos de Dios. Daniel dice del cuerno pequeño, o sea del papado: 'Pensará en mudar los tiempos y la ley.' Daniel 7:25. Y ... Pablo llama al mismo poder el 'hombre de pecado,' que había de ensalzarse sobre Dios. Una profecía es complemento de la otra. Solo adulterando la ley de Dios podía el papado elevarse sobre Dios; y quienquiera que guardase a sabiendas la ley así adulterada daría honor supremo al poder que introdujo el cambio. Tal acto de obediencia a las leyes papales sería señal de sumisión al papa en lugar de sumisión a Dios.

"El papado intentó alterar la ley de Dios. El segundo mandamiento, que prohíbe el culto de las imágenes, ha sido borrado de la ley, y el cuarto mandamiento ha sido adulterado de manera que autorice la observancia del primer día en lugar del séptimo como día de reposo. Pero los papistas aducen para justificar la supresión del segundo mandamiento, que este es inútil puesto que está incluido en el primero, y que ellos dan la ley tal cual Dios tenía propuesto que fuese entendida. Este no puede ser el cambio predicho por el profeta. Se trata de un cambio intencional y deliberado: 'Pensará en mudar los tiempos y la ley.' El cambio introducido en el cuarto mandamiento cumple exactamente la profecía. La única autoridad que se invoca para dicho cambio es la de la iglesia. Aquí el poder papal se ensalza abiertamente sobre Dios."

El Conflicto de los Siglos, p. 443

"Pero cuando la observancia del domingo sea impuesta por la ley, y que el mundo sea ilustrado respecto a la obligación del verdadero día de descanso, entonces quien transgreda el mandamiento de Dios para obedecer un precepto que no tiene mayor autoridad que la de Roma, honrará con ello al papado por encima de Dios: rendirá homenaje a Roma y al poder que impone la institución establecida por Roma: adorará la bestia y su imagen. Cuando los hombres rechacen entonces la institución que Dios declaró ser el signo de su autoridad, y honren en su lugar lo que Roma escogió como signo de su supremacía, ellos aceptarán de hecho el signo de la sumisión a Roma, "la marca de la bestia". Y solo cuando la cuestión haya sido expuesta así a las claras ante los hombres, y ellos hayan sido llamados a escoger entre los mandamientos de Dios y los mandamientos de los hombres, será cuando los que perseveren en la transgresión recibirán la marca de la bestia.

> **"La marca de la bestia es el día de descanso papal, que ha sido aceptado por el mundo en lugar del día señalado por Dios."**

"La más terrible amenaza que haya sido jamás dirigida a los mortales se encuentra contenida en el mensaje del tercer ángel. Debe ser un pecado horrendo el que atrae la ira de Dios sin mezcla de misericordia. Los hombres no deben ser dejados en la ignorancia tocante a esta importante cuestión; la amonestación contra este pecado debe ser dada al mundo antes que los juicios de Dios caigan sobre él, para que todos sepan por qué deben consumarse, y para que tengan oportunidad para librarse de ellos. La profecía declara que el primer ángel hará su proclamación 'a cada nación, y tribu, y lengua, y pueblo.' El aviso del tercer ángel, que forma parte de ese triple mensaje, no tendrá menos alcance. La profecía dice de él que será proclamado en alta voz por un ángel que vuele por medio del cielo; y llamará la atención del mundo."

Evangelismo, p. 174
"El cambio del sábado es una señal o marca de la autoridad de la Iglesia Romana. Aquellos que, comprendiendo las aseveraciones del cuarto mandamiento, escogen observar el falso día de descanso en lugar del verdadero, están con ello rindiendo homenaje al único poder que lo ordena. La marca de la bestia es el día de descanso papal, que ha sido aceptado por el mundo en lugar del día señalado por Dios."

El Tercer Mensaje / La Solución

Apocalipsis 14:12
"Aquí está la paciencia de los santos, los que guardan los mandamientos de Dios y la fe de Jesús."

Mensajes Selectos, vol. 3, p. 195
"El mensaje del tercer ángel es la proclamación de los mandamientos de Dios y la fe de Cristo Jesús. Los mandamientos de Dios han sido proclamados, pero la justicia de Jesús, dándole igual importancia, no ha sido presentada por los adventistas del séptimo día, haciendo que la ley y el Evangelio vayan de la mano. No puedo hallar palabras para presentar este tema en toda su plenitud.

"'La fe de Jesús.' Se habla de ella, pero no ha sido entendida. ¿Qué cosa constituye la fe de Jesús, que pertenece al mensaje del tercer ángel? Jesús convertido en el ser que lleva nuestros pecados para llegar a ser el Salvador que perdona el pecado. El fue tratado como nosotros merecemos ser tratados. Vino a nuestro mundo y llevó nuestros pecados para que nosotros pudiéramos llevar su justicia. Y la fe en la capacidad de Cristo para salvarnos en forma amplia, completa y total, es la fe de Jesús."

Apocalipsis 11:19
"Y el templo de Dios fue abierto en el cielo, y el arca de su pacto se veía en el templo. Y hubo relámpagos, voces, truenos, un terremoto y grande granizo."

Apocalipsis 12:17
"Entonces el dragón se llenó de ira contra la mujer; y se fue a hacer guerra contra el resto de la descendencia de ella, los que guardan los mandamientos de Dios y tienen el testimonio de Jesucristo."

Apocalipsis 19:10
"Yo me postré a sus pies para adorarle. Y él me dijo: Mira, no lo hagas; yo soy consiervo tuyo, y de tus hermanos que retienen el testimonio de Jesús. Adora a Dios; porque el testimonio de Jesús es el espíritu de la profecía."

Primeros Escritos, p. 254
"Cuando cesó el ministerio de Jesús en el lugar santo y pasó él al santísimo para estar de pie delante del arca que contenía la ley de Dios, envió otro poderoso ángel con un tercer mensaje para el mundo. Un pergamino fue puesto en la mano del ángel, y mientras descendía a la tierra con poder y majestad, proclamaba una terrible amonestación, acompañada de las más tremendas amenazas que jamás se dirigieron contra el hombre. Tenía por objeto aquel mensaje poner en guardia a los hijos de Dios revelándoles la hora de tentación y angustia que los aguardaba. Dijo el ángel: 'Tendrán que combatir tesoneramente contra la bestia y su imagen. Su única esperanza de vida eterna consiste en permanecer firmes. Aunque se vean en peligro de muerte, deben sostener firmemente la verdad.' El tercer ángel concluye así su mensaje: 'Aquí está la paciencia de los santos, los que guardan los mandamientos de Dios y la fe de Jesús.' Al repetir el ángel estas

palabras, señalaba al santuario celestial. La atención de cuantos aceptan este mensaje se dirige hacia el lugar santísimo, donde Jesús está de pie delante del arca, realizando su intercesión final por todos aquellos para quienes hay todavía misericordia, y por los que hayan violado ignorantemente la ley de Dios."

> **"El tercer ángel había esclarecido el pasado, el presente y el porvenir."**

Primeros Escritos, p. 254

"Después que Jesús abrió la puerta del lugar santísimo, vióse la luz del sábado, y el pueblo de Dios fue probado, como antiguamente lo fueron los hijos de Israel, para ver si quería guardar la ley de Dios. Vi que el tercer ángel señalaba hacia lo alto, indicando a los que habían sido chasqueados el camino al lugar santísimo del santuario celestial. Los que por fe entraban al lugar santísimo, hallaban a Jesús, y resurgían en ellos la esperanza y el júbilo. Vi que volvían los ojos hacia atrás, recapitulando el pasado, desde la proclamación del segundo advenimiento de Jesús hasta la experiencia sufrida al transcurrir la fecha de 1844. Vieron la explicación de su chasco, y de nuevo los alentó una gozosa certidumbre. El tercer ángel había esclarecido el pasado, el presente y el porvenir, y ellos sabían que en efecto Dios los había guiado con su misteriosa providencia.

"Se me mostró que el residuo siguió por la fe a Jesús en el lugar santísimo, y al contemplar el arca y el propiciatorio, fue cautivado por su esplendor."

Primeros Escritos, p. 256

"Muchos de los que aceptaban el tercer mensaje no habían tenido experiencia en los dos anteriores. Satanás comprendió esto, y fijó en ellos su ojo maligno para vencerlos; pero el tercer ángel dirigía la atención de ellos hacia el lugar santísimo, y los que habían tenido experiencia en los mensajes anteriores les indicaban el camino del santuario celestial. Muchos percibieron el perfecto eslabonamiento de verdades en los mensajes angélicos, y aceptándolos gozosamente uno tras otro, siguieron al Señor por la fe en el santuario celeste. Estos mensajes me fueron representados como un áncora para el pueblo de Dios. Quienes los comprendan y acepten quedarán libres de verse arrastrados por los muchos engaños de Satanás."

> **"La verdadera comprensión de esos mensajes es de importancia vital. El destino de las almas depende de la manera en que son recibidos."**

Primeros Escritos, p. 258

"Vi que una compañía se mantenía de pie bien guardada y firme, negando su apoyo a aquellos que querían trastornar la fe establecida del cuerpo. Dios miraba con aprobación a esa compañía. Me fueron mostrados tres escalones: los mensajes del primer ángel, del segundo y del tercero. Dijo mi ángel acompañante: '¡Ay de aquel que mueva un bloque o una clavija de esos mensajes! La verdadera comprensión de esos mensajes es de importancia vital. El destino de las almas depende de la manera en que son recibidos.' Nuevamente se me hizo recorrer esos mensajes, y vi a cuán alto precio había obtenido su experiencia el pueblo de Dios. La obtuvo por mucho padecimiento y severo conflicto. Dios lo había conducido paso a paso, hasta ponerlo sobre una plataforma sólida e inconmovible.

Primeros Escritos, p. 259
"Satanás indujo a aquellos que habían rechazado el mensaje de Juan [el Bautista] a que fuesen aun más lejos, a saber, que rechazasen y crucificasen a Cristo. Al obrar así, se situaron donde no pudieron recibir la bendición de Pentecostés, que les habría enseñado el camino al santuario celestial."

Primeros Escritos, p. 259
"El gran sacrificio había sido ofrecido y aceptado, y el Espíritu Santo que descendió en el día de Pentecostés dirigió la atención de los discípulos desde el santuario terrenal al celestial, donde Jesús había entrado con su propia sangre, para derramar sobre sus discípulos los beneficios de su expiación. Pero los judíos fueron dejados en tinieblas totales. Perdieron toda la luz que pudieran haber tenido acerca del plan de salvación, y siguieron confiando en sus sacrificios y ofrendas inútiles. El santuario celestial había reemplazado al terrenal, pero ellos no tenían noción del cambio. Por lo tanto, no podían recibir beneficios de la mediación de Cristo en el lugar santo."

Primeros Escritos, p. 260
"Los que rechazaron el primer mensaje no pudieron recibir beneficio del segundo; tampoco pudo beneficiarles el clamor de media noche, que había de prepararlos para entrar con Jesús por la fe en el lugar santísimo del santuario celestial. Y por haber rechazado los dos mensajes anteriores, entenebrecieron de tal manera su entendimiento que no pueden ver luz alguna en el mensaje del tercer ángel, que muestra el camino que lleva al lugar santísimo. Vi que, así como los judíos crucificaron a Jesús, las iglesias nominales han crucificado estos mensajes y por lo tanto no tienen conocimiento del camino que lleva al santísimo, ni pueden ser beneficiados por la intercesión que Jesús realiza allí. Como los judíos, que ofrecieron sus sacrificios inútiles, ofrecen ellos sus oraciones inútiles al departamento que Jesús abandonó; y Satanás, a quien agrada el engaño, asume un carácter religioso y atrae hacia sí la atención de esos cristianos profesos, obrando con su poder, sus señales y prodigios mentirosos, para sujetarlos en su lazo."

Primeros Escritos, p. 261
"Satanás seduce a algunos con el espiritismo. También viene como ángel de luz y difunde su influencia sobre la tierra por medio de falsas reformas. Las iglesias se alegran, y consideran que Dios está obrando en su favor de una manera maravillosa, cuando se trata de los efectos de otro espíritu. La excitación se apagará y dejará al mundo y a la iglesia en peor condición que antes.

"Vi que Dios tiene hijos sinceros entre los adventistas nominales y las iglesias caídas, y antes que sean derramadas las plagas, los ministros y la gente serán invitados a salir de esas iglesias y recibirán gustosamente la verdad. Satanás lo sabe; y antes que se dé el fuerte pregón del tercer ángel, despierta excitación en aquellas organizaciones religiosas, a fin de que los que rechazaron la verdad piensen que Dios los acompaña. Satanás espera engañar a los sinceros e inducirlos a creer que Dios sigue obrando en favor de las iglesias."

El Conflicto de los Siglos, p. 599
"Cuando termine el mensaje del tercer ángel la misericordia divina no intercederá más por los habitantes culpables de la tierra."

El Conflicto de los Siglos, p. 580
"La muerte de Jesús destruyó sus esperanzas [de los discípulos] igual que si no se la hubiese predicho. Así también las profecías nos anuncian el porvenir con la misma claridad con que Cristo predijo su propia muerte a los discípulos. Los acontecimientos relacionados con el fin del tiempo de gracia y la preparación para el tiempo de angustia han sido presentados con claridad. Pero hay miles de personas que comprenden estas importantes verdades de modo tan incompleto como si nunca hubiesen sido reveladas. Satanás procura arrebatar toda impresión que podría llevar a los hombres por el camino de la salvación, y el tiempo de angustia no los encontrará listos.

"Cuando Dios manda a los hombres avisos tan importantes que las profecías los representan como proclamados por santos ángeles que vuelan por el cielo, es porque él exige que toda persona dotada de inteligencia les preste atención. Los terribles juicios que Dios pronunció contra los que adoran la bestia y su imagen (Apocalipsis 14:9-11) deberían inducir a todos a estudiar diligentemente las profecías para saber lo que es la marca de la bestia y cómo pueden evitarla."

El Fuerte Clamor del Tercer Ángel

Apocalipsis 18:1-4
"Después de esto vi a otro ángel descender del cielo con gran poder; y la tierra fue alumbrada con su gloria. Y clamó con voz potente, diciendo: Ha caído, ha caído la gran Babilonia, y se ha hecho habitación de demonios y guarida de todo espíritu inmundo, y albergue de toda ave inmunda y aborrecible. Porque todas las naciones han bebido del vino del furor de su fornicación; y los reyes de la tierra han fornicado con ella, y los mercaderes de la tierra se han enriquecido de la potencia de sus deleites.

"Y oí otra voz del cielo, que decía: Salid de ella, pueblo mío, para que no seáis partícipes de sus pecados, ni recibáis parte de sus plagas."

El Conflicto de los Siglos, p. 589
"'Y después de estas cosas vi otro ángel descender del cielo teniendo grande potencia; y la tierra fue alumbrada de su gloria. Y clamó con fortaleza en alta voz diciendo: Caída es, caída es la grande Babilonia, y es hecha habitación de demonios, y guarida de todo espíritu inmundo, y albergue de todas aves sucias y aborrecibles.' 'Y oí otra voz del cielo, que decía: Salid de ella, pueblo mío, porque no seáis participantes de sus pecados, y que no recibáis de sus plagas.' Apocalipsis 18:1, 2, 4.

"Estos versículos señalan un tiempo en el porvenir cuando el anuncio de la caída de Babilonia, tal cual fue hecho por el segundo ángel de Apocalipsis 14:8, se repetirá con la mención adicional de las corrupciones que han estado introduciéndose en las diversas organizaciones religiosas que constituyen a Babilonia, desde que ese mensaje fue proclamado por primera vez, durante el verano de 1844."

El Conflicto de los Siglos, p. 589
"Dios tiene aún un pueblo en Babilonia; y antes de que los juicios del cielo la visiten, estos fieles deben ser llamados para que salgan de la ciudad y que no tengan parte en sus pecados ni en sus plagas. De ahí que este movimiento esté simbolizado por el ángel que baja del cielo, alumbrando la tierra y denunciando

con voz potente los pecados de Babilonia. Al mismo tiempo que este mensaje, se oye el llamamiento: 'Salid de ella, pueblo mío.' Estas declaraciones, unidas al mensaje del tercer ángel, constituyen la amonestación final que debe ser dada a los habitantes de la tierra."

"Una clase de personas, al aceptar el signo de la sumisión a los poderes del mundo, recibe la marca de la bestia, la otra, por haber escogido el signo de obediencia a la autoridad divina, recibirá el sello de Dios."

El Conflicto de los Siglos, p. 591
"El sábado será la gran piedra de toque de la lealtad; pues es el punto especialmente controvertido. Cuando esta piedra de toque les sea aplicada finalmente a los hombres, entonces se trazará la línea de demarcación entre los que sirven a Dios y los que no le sirven. Mientras la observancia del falso día de reposo (domingo), en obedecimiento a la ley del estado y en oposición al cuarto mandamiento, será una declaración de obediencia a un poder que está en oposición a Dios, la observancia del verdadero día de reposo (sábado), en obediencia a la ley de Dios, será señal evidente de la lealtad al Creador. Mientras que una clase de personas, al aceptar el signo de la sumisión a los poderes del mundo, recibe la marca de la bestia, la otra, por haber escogido el signo de obediencia a la autoridad divina, recibirá el sello de Dios."

2 Tesalonicenses 2:10-12
"Y con todo engaño de iniquidad para los que se pierden, por cuanto no recibieron el amor de la verdad para ser salvos. Por esto Dios les envía un poder engañoso, para que crean la mentira, a fin de que sean condenados todos los que no creyeron a la verdad, sino que se complacieron en la injusticia."

The Review and Herald, 18 de diciembre de 1888
"Satanás vino como ángel de luz en el desierto de la tentación para engañar a Cristo; y él no viene al hombre en forma horrible, como a veces es representado, mas como ángel de luz. Vendrá personificando a Jesucristo, obrando milagros poderosos; y los hombres van a postrarse y adorarlo como a Jesucristo. Vamos a ser mandados a adorar a este ser, a quien el mundo va a glorificar como a Jesucristo. ¿Qué haremos entonces?—decirles que Cristo nos ha advertido contra tal enemigo, el peor enemigo del ser humano, pero quien reclama ser Dios mismo; y que cuando Cristo aparezca, será con poder y gran gloria, acompañado por diez mil veces diez mil ángeles, y miles de miles; y que cuando venga, conoceremos su voz."

Apocalipsis 1:13-15
"Y en medio de los siete candeleros, a uno semejante al Hijo del Hombre, vestido de una ropa que llegaba hasta los pies, y ceñido por el pecho con un cinto de oro. Su cabeza y sus cabellos eran blancos como blanca lana, como nieve; sus ojos como llama de fuego; y sus pies semejantes al bronce bruñido, refulgente como en un horno; y su voz como estruendo de muchas aguas."

El Conflicto de los Siglos, p. 608
"El acto capital que coronará el gran drama del engaño será que el mismo Satanás se dará por el Cristo. Hace mucho que la iglesia profesa esperar el advenimiento del Salvador como consumación de sus esperanzas. Pues bien, el gran engañador simulará que Cristo habrá

venido. En varias partes de la tierra, Satanás se manifestará a los hombres como ser majestuoso, de un brillo deslumbrador, parecido a la descripción que del Hijo de Dios da San Juan en el Apocalipsis. Apocalipsis 1:13-15. La gloria que le rodee superará cuanto hayan visto los ojos de los mortales. El grito de triunfo repercutirá por los aires: '¡Cristo ha venido! ¡Cristo ha venido!' El pueblo se postrará en adoración ante él, mientras levanta sus manos y pronuncia una bendición sobre ellos, así como Cristo bendecía a sus discípulos cuando estaba en la tierra. Su voz es suave y acompasada, aunque llena de melodía. En tono amable y compasivo, enuncia algunas de las verdades celestiales y llenas de gracia que pronunciaba el Salvador; cura las dolencias del pueblo, y luego, en su fementido carácter de Cristo, asegura haber mudado el día de reposo del sábado al domingo y manda a todos que santifiquen el día bendecido por él. Declara que aquellos que persisten en santificar el séptimo día blasfeman su nombre porque se niegan a oír a sus ángeles, que les fueron enviados con la luz de la verdad. Es el engaño más poderoso y resulta casi irresistible."

El Conflicto de los Siglos, p. 387
"El capítulo 18 del Apocalipsis indica el tiempo en que, por haber rechazado la triple amonestación de Apocalipsis 14:16-12, la iglesia alcanzará el estado predicho por el segundo ángel, y el pueblo de Dios que se encontrare aún en Babilonia, será llamado a separarse de la comunión de esta. Este mensaje será el último que se dé al mundo y cumplirá su obra. Cuando los que 'no creen a la verdad, sino que se complacen en la injusticia' (2 Tesalonicenses 2:12, VM), sean dejados para sufrir tremendo desengaño y para que crean a la mentira, entonces la luz de la verdad brillará sobre todos aquellos cuyos corazones estén abiertos para recibirla, y todos los hijos del Señor que quedaren en Babilonia, oirán el llamamiento: '¡Salid de ella, pueblo mío!' Apocalipsis 18:4."

Oseas 6:3
"Y conoceremos, y proseguiremos en conocer a Jehová; como el alba está dispuesta su salida, y vendrá a nosotros como la lluvia, como la lluvia tardía y temprana a la tierra."

El Conflicto de los Siglos, p. 596
"El ángel que une su voz a la proclamación del tercer mensaje, alumbrará toda la tierra con su gloria. Así se predice una obra de extensión universal y de poder extraordinario. El movimiento adventista de 1840 a 1844 fue una manifestación gloriosa del poder divino; el mensaje del primer ángel fue llevado a todas las estaciones misioneras de la tierra, y en algunos países se distinguió por el mayor interés religioso que se haya visto en país cualquiera desde el tiempo de la Reforma del siglo XVI; pero todo esto será superado por el poderoso movimiento que ha de desarrollarse bajo la proclamación de la última amonestación del tercer ángel.

"Esta obra será semejante a la que se realizó en el día de Pentecostés. Como la 'lluvia temprana' fue dada en tiempo de la efusión del Espíritu Santo al principio del ministerio evangélico, para hacer crecer la preciosa semilla, así la 'lluvia tardía' será dada al final de dicho ministerio para hacer madurar la cosecha. 'Y conoceremos, y proseguiremos en conocer a Jehová: como el alba está aparejada su salida, y vendrá a nosotros como la lluvia, como la lluvia tardía y temprana a la tierra.' 'Vosotros también, hijos de Sión, alegraos y gozaos en Jehová vuestro Dios; porque os ha dado la primera lluvia arregladamente, y hará descender sobre vosotros lluvia temprana y tardía como al principio.' 'Y será en los postreros días, dice Dios, derramaré de mi Espíritu sobre toda carne.' 'Y será que todo aquel que invocare el nombre del Señor, será salvo.' Oseas 6:3; Joel 2:23; Hechos 2:17, 21."

Primeros Escritos, pp. 277, 278

"Vi ángeles que apresuradamente iban y venían de uno a otro lado del cielo, bajaban a la tierra y volvían a subir al cielo, como si se prepararan para cumplir algún notable acontecimiento. Después vi otro ángel poderoso, al que se ordenó que bajase a la tierra y uniese su voz a la del tercer ángel para dar fuerza y vigor a su mensaje. Ese ángel recibió gran poder y gloria, y al descender dejó toda la tierra iluminada con su gloria. La luz que rodeaba a este ángel penetraba por doquiera mientras clamaba con fuerte voz: 'Ha caído, ha caído la gran Babilonia, y se ha hecho habitación de demonios y guarida de todo espíritu inmundo, y albergue de toda ave inmunda y aborrecible.' Aquí se repite el mensaje de la caída de Babilonia, tal como lo dio el segundo ángel, con la mención adicional de las corrupciones introducidas en las iglesias desde 1844. La obra de este ángel comienza a tiempo para unirse a la última magna obra del mensaje del tercer ángel cuando éste se intensifica hasta ser un fuerte pregón. Así se prepara el pueblo de Dios para afrontar la hora de la tentación que muy luego ha de asaltarle. Vi que sobre los fieles reposaba una luz vivísima, y que se unían para proclamar sin temor el mensaje del tercer ángel.

"Otros ángeles fueron enviados desde el cielo en ayuda del potente ángel, y oí voces que por doquiera resonaban diciendo: 'Salid de ella, pueblo mío, para que no seáis partícipes de sus pecados, ni recibáis parte en sus plagas; porque sus pecados han llegado hasta el cielo, y Dios se ha acordado de sus maldades.' Este mensaje parecía ser un complemento del tercer mensaje, pues se le unía como el clamor de media noche se añadió en 1844 al mensaje del segundo ángel. La gloria de Dios reposaba sobre los pacientes y expectantes santos, quienes valerosamente daban la postrera y solemne amonestación, proclamando la caída de Babilonia y exhortando al pueblo de Dios a que de ella saliese para escapar a su terrible condenación.

"La luz derramada sobre los fieles penetraba por doquiera; los que en las iglesias tenían alguna luz, y no habían oído ni rechazado los tres mensajes, obedecieron la exhortación y abandonaron las iglesias caídas. Muchos habían entrado en edad de razón y responsabilidad desde la proclamación de los mensajes; y la luz brilló sobre ellos, deparándoles el privilegio de escoger entre la vida o la muerte. Algunos escogieron la vida y se unieron con los que esperaban a su Señor y guardaban todos sus mandamientos. El tercer mensaje iba a efectuar su obra. Todos iban a ser probados por él, y las almas preciosas iban a ser invitadas a salir de las congregaciones religiosas. Una fuerza compulsiva movía a los sinceros, al paso que la manifestación del poder de Dios infundía temor y respeto a los incrédulos parientes y amigos para que no se atrevieran ni pudieran estorbar a quienes sentían en sí la obra del Espíritu de Dios. El postrer llamamiento llegó hasta los infelices esclavos, y los más piadosos de ellos prorrumpieron en cánticos de transportado gozo ante la perspectiva de su feliz liberación. Sus amos no pudieron contenerlos, porque el asombro y el temor los mantenían en silencio. Se realizaron grandes milagros. Sanaban los enfermos, y señales y prodigios acompañaban a los creyentes. Dios colaboraba con la obra, y todos los santos, sin temor de las consecuencias, obedecían al convencimiento de su conciencia, se unían con los que guardaban todos los mandamientos de Dios y proclamaban poderosamente por doquiera el tercer mensaje. Vi que este mensaje terminaría con fuerza y vigor muy superiores al clamor de media noche.

"Los siervos de Dios, dotados con el poder del cielo, con sus semblantes iluminados y refulgentes de santa consagración, salieron a proclamar el mensaje celestial. Muchas almas diseminadas entre las congregaciones religiosas respondieron al llamamiento y salieron presurosas de las sentenciadas iglesias, como Lot salió presuroso de Sodoma antes de la destrucción de esa ciudad. Fortaleciose el pueblo de Dios con la excelsa gloria que sobre él reposaba en copiosa abundancia, ayudándole a soportar la hora de la tentación. Oí multitud de voces que por todas partes exclamaban: 'Aquí está la paciencia de los santos, los que guardan los mandamientos de Dios y la fe de Jesús.'"

Información de Contacto

Si Usted desea un estudio más profundo de estas verdades, por favor haga contacto con Revelation Ministry a:

www.1ref.us/revelationmin

Bibliografía

Todas las citas bíblicas en esta obra, si no son indicadas de otra fuente, son de La Santa Biblia (Reina-Valera), revision de 1960. Copyright © 1960, Sociedades Bíblicas Unidas. Cortesía de www.BibleGateway.com.

Traducciones en español de las referencias anteriores, cortesía de Ellen White Estate y el siguiente sitio web: "Ellen G. White Writings in Multiple Languages," https://egwwritings.org. Usado con permiso.

White, Ellen G. *The Acts of the Apostles.* Mountain View, CA: Pacific Press Publishing Association, 1911.
———. "After the Crucifixion." *The Youth's Instructor*, April 25, 1901.
———. *Counsels on Sabbath School Work.* Washington, DC: Review and Herald Publishing Association, 1938.
———. *Counsels to Writers and Editors.* Nashville, TN: Southern Publishing Association, 1946.
———. "David's Prayer." *The Review and Herald*, December 18, 1888.
———. *The Desire of Ages.* Mountain View, CA: Pacific Press Publishing Association, 1898.
———. *Early Writings.* Washington, DC: Review and Herald Publishing Association, 1882.
———. *Education.* Mountain View, CA: Pacific Press Publishing Association, 1903.
———. *Evangelism.* Washington, DC: Review and Herald Publishing Association, 1946.
———. *The Great Controversy.* Mountain View, CA: Pacific Press Publishing Association, 1911.
———. Manuscript 14, 1901.
———. *Manuscript Releases.* Vol. 1. Silver Spring, MD: Ellen G. White Estate, 1981.
———. *Manuscript Releases.* Vol. 12. Silver Spring, MD: Ellen G. White Estate, 1990.
———. "Obedience the Condition of Salvation." *The Signs of the Times*, November 30, 1904.
———. *Patriarchs and Prophets.* Washington, DC: Review and Herald Publishing Association, 1890.
———. "The Relation of Christ to the Law Is Not Understood." *The Review and Herald*, February 4, 1890.
———. "The Seal of God—No. 2." *The Signs of the Times*, November 8, 1899.
———. *Selected Messages.* Book 2. Washington, DC: Review and Herald Publishing Association, 1958.
———. *Selected Messages.* Book 3. Washington, DC: Review and Herald Publishing Association, 1980.
———. *Steps to Christ.* Mountain View, CA: Pacific Press Publishing Association, 1892.
———. *The Story of Redemption.* Hagerstown, MD: Review and Herald Publishing Association, 1947.
———. *Testimonies for the Church.* Vol. 6. Mountain View, CA: Pacific Press Publishing Association, 1901.

Le invitamos a ver la selección
completa de títulos que publicamos en:

www.TEACHServices.com

Escanear con su dispositivo móvil para ir
directamente a nuestro sitio web.

Favor de escribirnos por carta o email, con sus elogios, reacciones,
o pensamientos sobre este libro o cualquier otro libro que publicamos en:

P.O. Box 954
Ringgold, GA 30736

info@TEACHServices.com

Se puede comprar los títulos de TEACHServices, Inc., al por mayor para
uso en educación, negocios, recaudación de fondos, o promoción de ventas.
Para información, favor de escribirnos por email:

BulkSales@TEACHServices.com

Finalmente, si Ud. quisiera ver su propio libro impreso,
por favor contáctenos en:

publishing@TEACHServices.com

Estaríamos encantados de revisar su manuscrito gratis.

www.ingramcontent.com/pod-product-compliance
Lightning Source LLC
Chambersburg PA
CBHW082124230426
43671CB00015B/2802